Rafael Alberti

Ich war ein Dummkopf, und was ich gesehen habe, hat mich zu zwei Dummköpfen gemacht
Yo era un tonto y lo que he visto me ha hecho dos tontos
(1929)

Sermone und Seelenräume
Sermones y moradas
(1929–1930)

Mit den Schuhen an den Füßen muß ich sterben
Con los zapatos puestos tengo que morir
(1. Januar 1930)

Spanisch und deutsch
Übertragung und Nachwort
von Fritz Vogelgsang

Klett-Cotta

Yo era un tonto
y lo que he visto
■ me ha hecho dos tontos ■

Ich war ein Dummkopf,
und was ich gesehen habe,
■ hat mich zu zwei Dummköpfen gemacht ■

. . . yo era un tonto y lo que he visto
me ha hecho dos tontos . . .
Calderón de la Barca

■ Cita triste de Charlot ■

Mi corbata, mis guantes.
Mis guantes, mi corbata.

La mariposa ignora la muerte de los sastres,
la derrota del mar por los escaparates.
Mi edad, señores, 900 000 años.
¡Oh!

Era yo un niño cuando los peces no nadaban,
cuando las ocas no decían misa
ni el caracol embestía al gato.
Juguemos al ratón y al gato, señorita.

Lo más triste, caballero, un reloj:
las 11, las 12, la 1, las 2.

A las tres en punto morirá un transeúnte.
Tú, luna, no te asustes,
tú, luna de los taxis retrasados,
luna de hollín de los bomberos.

La ciudad está ardiendo por el cielo,
un traje igual al mío se hastía por el campo.
Mi edad, de pronto, 25 años.

Es que nieva, que nieva,
y mi cuerpo se vuelve choza de madera.
Yo te invito al descanso, viento.
Muy tarde es ya para cenar estrellas.

Pero podemos bailar, árbol perdido.
Un vals para los lobos,
para el sueño de la gallina sin las uñas
del zorro.

■ Charlies trauriges Stelldichein ■

Meine Krawatte, meine Handschuhe.
Meine Handschuhe, meine Krawatte.

Der Schmetterling weiß nichts vom Tod der Schneider,
von dem Ruin des Meeres durch die Schaufenster.
Mein Alter, werte Herren, 900 000 Jahre.
Oh!

Ich war ein kleines Kind, als die Fische nicht schwammen,
die Gänse keine Messe lasen
und die Schnecke die Katze nicht auf die Hörner nahm.
Spielen wir Katz und Maus, mein Fräulein!

Das allertraurigste, Herr, eine Uhr:
es ist 11, es ist 12, es ist 1, es ist 2.

Punkt drei wird ein Passant das Zeitliche segnen.
Du, Mond, erschrick nicht;
du, Mond der verspäteten Taxis,
verrußter Mond der Feuerwehrleute.

Am Himmel brennt die Stadt,
ein Anzug wie der meine langweilt sich auf dem Land.
Mein Alter, jetzt auf einmal, 25.

Es schneit nämlich, es schneit,
und mein Körper, er wird zur Blockhütte.
Ich lade dich ein, Wind, ruh dich hier aus.
Es ist schon viel zu spät, jetzt noch Sterne zu essen.

Aber wir können tanzen, du verlorener Baum.
Ein Walzerchen für die Wölfe,
für den ruhigen Traum der Henne, ohne Fuchs,
ohne Krallen.

Se me ha extraviado el bastón.
Es muy triste pensarlo solo por el
  mundo.
¡Mi bastón!

Mi sombrero, mis puños,
mis guantes, mis zapatos.

El hueso que más duele, amor mío,
  es el reloj:
las 11, las 12, la 1, las 2.

Las 3 en punto.
En la farmacia se evapora un cadáver
  desnudo.

Der Stock ist mir abhanden gekommen.
Tieftraurig der Gedanke, wie allein er nun auf
der Welt ist.
Mein Stock!

Mein Hut, meine Manschetten,
meine Handschuhe, meine Stiefel.

Der Knochen, der am meisten wehtut, meine Liebe,
ist die Uhr:
es ist 11, es ist 12, es ist 1, es ist 2.

Punkt drei.
In der Apotheke löst sich ein nackter Leichnam
in Luft auf.

■ Harold Lloyd, estudiante ■

(Poema representable)

¿Tiene usted el paraguas?
Avez-vous le parapluie?

No, señor, no tengo el paraguas.
Non, monsieur, je n'ai pas le parapluie.

Alicia, tengo el hipopótamo.
L'hippopotame para ti.
Avez-vous le parapluie?

Oui.
Yes.
Sí.

Que, cual, quien, cuyo.
Si la lagarta es amiga mía,
evidentemente el escarabajo es amigo tuyo.
¿Fuiste tú la que tuvo la culpa de la lluvia?
Tú no tuviste nunca la culpa de la lluvia.
Alicia, Alicia, yo fui,
yo que estudio por ti
y por esta mosca inconsciente, ruiseñor de mis
   gafas en flor.

29, 28, 27, 26, 25, 24, 23, 22.
2πr, πr2
y se convirtió en mulo Nabucodonosor
y tu alma y la mía en un ave real
   del Paraíso.

Ya los peces no cantan en el Nilo
ni la luna se pone para las dalias
   del Ganges.

■ Harold Lloyd, Student ■

(Aufführbares Gedicht)

Haben Sie den Regenschirm?
Avez-vous le parapluie?

Nein, mein Herr, ich habe den Regenschirm nicht.
Non monsieur, je n'ai pas le parapluie.

Alice, ich habe das Nilpferd.
L'hippopotame für dich.
Avez-vous le parapluie?

Oui.
Yes.
Ja.

Der, welcher, wer, dessen.
Wenn die Eidechse meine Freundin ist,
dann ist der Käfer offenbar dein Freund.
Warst du diejenige, die am Regen schuld war?
Du warst niemals schuld an dem Regen.
Alice, Alice, ich war's!
Ich, der ich studiere für dich.
Und für diese ahnungslose Mücke, die Nachtigall
   meiner blühenden Brille.

29, 28, 27, 26, 25, 24, 23, 22.
2πr, πr 2
und Nebukadnezar verwandelte sich in einen Maulesel,
und deine Seele und die meine sind zu einem
   königlichen Paradiesvogel geworden.

Nun singen die Fische nicht mehr im Nil,
und der Mond geht nicht mehr für die Dahlien
   des Ganges unter.

Alicia,
¿por qué me amas con ese aire tan triste de cocodrilo
y esa pena profunda de ecuación de segundo grado?

Le printemps pleut sur Les Anges.

La primavera llueve sobre Los Ángeles
en esa triste hora en que la policía
ignora el suicidio de los triángulos
   isósceles
más la melancolía de un logaritmo neperiano
y el unibusquibusque facial.

En esa triste hora en que la luna viene a ser casi igual
a la desgracia integral
de este amor mío multiplicado por X
y a las alas de la tarde que se dobla sobre una flor de
   acetileno
o una golondrina de gas.

De este puro amor mío tan delicadamente idiota.
Quousque tandem abutere Catilina patientia nostra?

Tan dulce y deliberadamente idiota,
capaz de hacer llorar a la cuadratura del
   círculo
y obligar a ese tonto de D. Nequaqua Schmit
a subastar públicamente esas estrellas
   propiedad de los ríos
y esos ojos azules que me abren los
   rascacielos.

¡Alicia, Alicia, amor mío!
¡Alicia, Alicia, cabra mía!

Alice,
warum liebst du mich so krokodilisch traurig
und mit all der Pein einer Gleichung zweiten Grades?

Le printemps pleut sur Les Anges.

Der Frühling regnet auf Los Angeles hernieder
in dieser Stunde, da die Polizei
nichts weiß vom Selbstmord der gleichschenkligen
Dreiecke
plus der Schwermut eines Neperschen Logarithmus
und des fazialen Unibusquibusque.

In dieser trübseligen Stunde, da der Mond allgemach
schon fast gleich ist dem integralen Ungemach
dieser meiner mit X multiplizierten Liebe
und den Flügeln des Abends, der sich über eine
Acetylenblüte neigt
oder eine Gasschwalbe.

Dieser meiner so gepflegt idiotischen Liebe.
Quousque tandem abutere Catilina patientia nostra?

So süß und wohlüberlegt idiotisch,
imstande, die Quadratur des Kreises zum Weinen
zu bringen
und diesen Dummkopf D. Nequaqua Schmit
zur öffentlichen Versteigerung dieser Sterne zu
zwingen, die den Flüssen gehören,
und dieser blauen Augen, die mir die Wolkenkratzer
eröffnen.

Alice, Alice, meine Liebe!
Alice, Alice, meine Ziege!

Sígueme por el aire en bicicleta,
aunque la policía no sepa astronomía,
la policía secreta.

Aunque la policía ignore que un soneto
consta de dos cuartetos
y dos tercetos.

Folge mir durch die Luft auf dem Fahrrad, hei,
auch wenn die Polizei sich nie bis zur Astronomie verstiege,
die Geheimpolizei.

Auch wenn die Polizei nicht weiß, daß ein Sonett
aus zwei Quartetten
besteht und zwei Terzetten.

Buster Keaton busca por el bosque ■ a su novia, que es una verdadera vaca ■

(Poema representable)

1, 2, 3 y 4.
En estas cuatro huellas no caben mis zapatos.
Si en estas cuatro huellas no caben mis zapatos,
¿de quién son estas cuatro huellas?
¿De un tiburón,
de un elefante recién nacido o de un pato?
¿De una pulga o de una codorniz?

(Pi, pi, pi.)

¡Georginaaaaaaaa!
¿Dónde estás?
¡Que no te oigo, Georgina!
¿Qué pensarán de mí los bigotes de
tu papá?

(Paaa páááááááááá.)

¡Georginaaaaaaaaa!
¿Estás o no estás?

Abeto, ¿dónde está?
Alisio, ¿dónde está?
Pinsapo, ¿dónde está?

¿Georgina pasó por aquí?

(Pi, pi, pi, pi.)

Ha pasado a la una comiendo yerbas.
Cucú,
el cuervo la iba engañando con una flor de reseda.
Cuacuá,
la lechuza con una rata muerta.

Buster Keaton sucht im Wald
■ nach seiner Braut, die eine wirkliche Kuh ist ■

(Aufführbares Gedicht)

1, 2, 3 und 4.
In diese vier Fußstapfen passen nicht meine Stiefel.
Wenn in diese vier Stapfen meine Stiefel nicht passen,
von wem sind dann diese vier Fußstapfen?
Von einem Hai,
einem neugeborenen Elefanten oder von einer Ente?
Von einem Floh oder von einem Wachtelvieh?

(Pi, pi, pi.)

Georginaaaaaaaa!
Wo steckst du?
Ich kann dich nicht hören, Georgina!
Was halten sie von mir, die Schnurrbartspitzen von
deinem Papa?

(Paah paaaaaaaaah.)

Georginaaaaaaaaa!
Bist du da oder bist du nicht da?

Tannenbaum, sag, wo ist sie?
Erlenbaum, sag, wo ist sie?
Edeltanne, wo ist sie?

War Georgina schon allhie?

(Pi, pi, pi, pi.)

Um ein Uhr ging sie, Gras kauend, vorbei.
Kuckuck,
der Rabe hat sie verführt mit einer Resedablüte.
Quakquak,
die Eule tat's mit einer toten Ratte.

¡Señores, perdonadme, pero me urge
 llorar!
(Guá, guá, guá.)

¡Georgina!
Ahora que te faltaba un solo cuerno
para doctorarte en la verdaderamente útil
 carrera de ciclista
y adquirir una gorra de cartero.

(Cri, cri, cri, cri.)

Hasta los grillos se apiadan de mí
y me acompaña en mi dolor
 la garrapata.
Compadécete del smoking que te busca y
 te llora entre los aguaceros
y del sombrero hongo que tiernamente
te presiente de mata en mata.

¡Georginaaaaaaaaaaaaaaaa!

(Maaaaaaa.)

¿Eres una dulce niña o eres una
 verdadera vaca?
Mi corazón siempre me dijo que eras una
 verdadera vaca.
Tu papá, que eras una dulce niña.
Mi corazón, que eras una verdadera vaca.
Una dulce niña.
Una verdadera vaca.

Una niña.
Una vaca.

Verzeihung, meine Herren, doch ich muß dringend
weinen!
(Gua, gua, gua.)

Georgina!
Jetzt, wo dir nur ein einziges Horn noch gefehlt hat
für die Zulassung zu der wahrhaft nützlichen
Radlerkarriere,
für den Erwerb einer Postbotenmütze.

(Kri, kri, kri, kri.)

Sogar die Grillen kriegen helles Mitleid mit mir,
und in meinem Schmerz läßt mich die Zecke
nicht allein.
Erbarme dich des Smokings, der dich sucht und
um dich weint in platschenden Regengüssen,
erbarm dich der Melone, die voll zärtlicher Ahnung
dir folgt von Strauch zu Strauch!

Georgina, duuuuuuuuuuuuuuuu!

(Muuuuuuh.)

Bist du ein süßes Mädchen oder bist du eine
wirkliche Kuh?
Mein Herz hat mir immer gesagt, daß du eine
wirkliche Kuh bist.
Dein Papa, daß du ein süßes Mädchen bist.
Mein Herz, daß du eine wirkliche Kuh bist.
Ein süßes Mädchen.
Eine wirkliche Kuh.

Ein Mädchen.
Eine Kuh.

¿Una niña o una vaca?
O ¿una niña y una vaca?
Yo nunca supe nada.
Adiós, Georgina.
(¡Pum!)

Ein Mädchen oder eine Kuh?
Oder ein Mädchen und eine Kuh?
Nie hab ich was gewußt.
Lebwohl, Georgina.
(Bumm!)

Decidme de una vez si no fue alegre todo aquello.
5 x 5 entonces no eran todavía 25
ni el alba había pensado en la negra existencia de los
   malos cuchillos.

Yo te juro a la luna no ser cocinero,
tú me juras a la luna no ser cocinera,
él nos jura a la luna no ser siquiera humo de tan
   tristísima cocina.

¿Quién ha muerto?

La oca está arrepentida de ser pato,
el gorrión de ser profesor de lengua
   china,
el gallo de ser hombre,
yo de tener talento y admirar lo desgraciada
que suele ser en el invierno la suela de un zapato.

A una reina se le ha perdido su corona,
a un presidente de república su sombrero,
a mí . . .

Creo que a mí no se me ha perdido nada,
que a mí nunca se me ha perdido nada,
que a mí . . .
¿Qué quiere decir buenos días?

Sagt mir's doch rundheraus, ob das nicht alles lustig war.
5 x 5, das war damals noch nicht 25,
und die dämmernde Frühe hatte noch mit keinem Gedanken
an die Existenz der bösen Messer gedacht.

Ich schwöre dir beim Mond, daß ich kein Koch bin;
du schwörst es mir beim Mond, daß du kein Koch bist;
er schwört es uns beim Mond, daß er nicht mal ein
Dampfschwaden einer solch trostlos traurigen Küche ist.

Wer ist gestorben?

Die Gans bereut es, daß sie eine Ente ist;
der Spatz, daß er Professor für chinesische
Sprache ist;
der Gockel, daß er Mensch ist;
ich, daß ich Talent habe und das Elend bestaune,
das eine Schuhsohle im Winter meistens darstellt.

Einer Königin ist die Krone verlorengegangen,
dem Präsidenten einer Republik der Hut,
und mir . . .

Ich glaube, mir ist nichts verlorengegangen,
mir ist noch nie etwas verlorengegangen,
mir . . .
Was soll das heißen: »Guten Tag«?

Harry Langdon hace por primera vez ■ el amor a una niña ■

Verdaderamente
no hay nada tan bonito como un ramo de flores
cuando la cabra ha olvidado en él sus negras
bolitas.
¿Me habré dado yo cuenta de que no hay nada tan bonito
como un ramo de flores
y sobre todo si la cabra ha olvidado en él una o más
bolitas?

Verdaderamente
no hay nada tan hermoso como estar enamorado
y más aún si un gorrión se le posa a otro gorrión
en un ojo.
¿Me habré dado yo cuenta de que no hay nada tan hermoso
como estar enamorado
y más aún si un gorrión se le posa a uno o más gorriones en
un ojo?

¿Qué significa que en mi hombro se enjuaguen los dientes
los angelitos
y que la luna no me parezca la más mínima expresión de un
pescado?

A mi mamá le importa bastante poco que llueva.
Tan sólo le preocupa
que mi tierno gabán no se me duerma
sobre la copa de un árbol.
Pero es que entonces me parece que soy un niño muy
desgraciado
y que me falta una pierna.

Buenas noches, Mary, María.
Juraría yo también que todavía eres tú demasiado niña
para comprender que el relente da calor a
los grillos

Harry Langdon
macht zum ersten Mal
■ einem Mädchen den Hof ■

Wahrhaftig,
es gibt nichts, was so reizend ist wie ein Blumenstrauß,
wenn die Ziege versehentlich ihre schwarzen Klucker
darauf hat liegenlassen.
Hab ich mir's wohl schon richtig klargemacht, daß es nichts
so Reizendes gibt wie einen Blumenstrauß,
vor allem wenn die Ziege darauf das eine oder andere
Kluckerchen hat liegenlassen?

Wahrhaftig,
es gibt nichts, was so schön ist wie das Verliebtsein,
und ganz besonders, wenn ein Spatz sich niederläßt auf
einem Löchlein eines anderen Spatzen.
Hab ich mir's wohl schon richtig klargemacht, daß es gar
nichts gibt, was so schön ist wie das Verliebtsein,
und ganz besonders, wenn ein Spatz sich auf einem
Löchlein des einen oder anderen Spatzen niederläßt?

Was bedeutet es, daß auf meiner Schulter die Engelchen
mit Mundwasser gurgeln
und daß der Mond für mich überhaupt nicht mehr den
Gesichtsausdruck eines gefangenen Fisches hat?

Meiner Mama ist es ziemlich egal, daß es regnet.
Ihr macht nur Sorge,
daß mir mein mürber Mantel
einschlafen könnte auf dem Baumwipfel.
Ich komme mir da nämlich wie ein tief unglückliches
Kind vor,
und als ob mir ein Bein fehlte.

Gute Nacht, Mary, Maria.
Auch ich könnte beschwören, daß du noch viel zu klein bist,
um zu begreifen, daß die feuchtkalte Nachtluft die
Grillen hitzig macht

y que sin embargo deforma los sombreros de paja.

Yo no puedo aconsejarte que me preguntes cuántos
balcones tiene mi casa
ni si mi bicicleta es una bicicleta alquilada
ni si tomo el tranvía por un lado distinto al de todo el
mundo.
Pero habrás comprendido que estos 16 ó 17 pajaritos
muertos son tuyos.

¡Ooooooooooooooh!
¡Se me ha roto el pantalóóóóóóóóón!
Good night, Mary.

und dessen ungeachtet die Strohhüte aus der Fasson bringt.

Ich kann dir nicht empfehlen, mich zu fragen, wieviel
Balkone mein Haus hat,
oder ob mein Fahrrad ein Leihrad ist,
oder ob ich von einer anderen Seite, nicht wie Hinz und
Kunz, in die Trambahn steige.
Aber du wirst begriffen haben, daß diese 16 oder 17 toten
Vögelchen dir gehören.

Oooooooooooooooh!
Jetzt ist sie geplatzt, meine Hoooooooooose!
Good night, Mary.

Telegrama de Luisa Fazenda
■ a Bebe Daniels y Harold Lloyd ■

Decidida mostrar le cul et les jambes aux soldats
acepto empleo fino marimacho
imprudente viento me confundió ayer cabra
río
gafas enamoradas
y amoroso saltamontes escote
risa ombligo
cadera tierno pellizco
parir
pienso parir burro delicado y feo
   niño
domino luna y francés.

Telegramm von Luisa Fazenda
■ an Bebe Daniels und Harold Lloyd ■

Entschlossen le cul et les jambes aux soldats zu zeigen
akzeptiere engagement pfiffiges mannweib
fahrlässiger wind verwirrte mich gestern ziege
lache
verliebte brillen
amouröser wanderheuschreck décolleté
gelächter nabel
lende zarter kniff
niederkommen
denke niederzukommen mit erlesenem esel und
  häßlichem kind
beherrsche mond und französisch

Nominativo: la nieve.
Genitivo: de la nieve.
Dativo: a o para la nieve.
Acusativo: a la nieve.
Vocativo: ¡oh la nieve!
Ablativo: con la nieve
de la nieve
en la nieve
por la nieve
sin la nieve
sobre la nieve
tras la nieve

La luna tras la nieve

Y estos pronombres personales extraviados por el río
y esta conjugación tristísima perdida entre los árboles.

Buster Keaton

■ Wochenschau eines melancholischen Oberschülers ■

Nominativ: der Schnee
Genitiv: des Schnees
Dativ: dem oder für den Schnee
Akkusativ: den Schnee
Vokativ: o Schnee!
Ablativ: mit dem Schnee
aus dem Schnee
in dem Schnee
durch den Schnee
ohne den Schnee
auf dem Schnee
hinter dem Schnee

Der Mond hinter dem Schnee

Und diese Personalpronomen abgetrieben vom Fluß
und diese todtraurige Konjugation verirrt zwischen den Bäumen.

Buster Keaton

A Rafael Alberti le preocupa mucho ese perro que casualmente ■ hace su pequeña necesidad contra la luna ■

FILADELFIA.
¿Comiste perrito novia?
Sueño ángel acatarrado
encomienda alma sombrero
nació niña cara piano cola
muerte segura.
HARRY LANGDON

(Telegrama de Harry Langdon a Ben Turpin)
R.A.

No es que yo crea en la muerte prematura de las preciosas corbatas
ni en el sepelio con sacerdote de los gatos más anónimos
ni en esa pena lacia que manifiesta un árbol cuando se queda sin novio.

Yo quisiera sentir mucho no poder acordarme.

Sé que en aquellos tiempos habitaban mis cejas las cucarachas y todo un campamento de húngaros mis orejas.
¿He olvidado que mis axilas eran un pozo de hormigas
y que en mi ombligo solía dormir una cabra?

Mariquita, dame candela.

Para un tierno becerro preocupado
no existe nada tan bonito
como hacerle entender que ya las vacas frecuentan algo menos la escuela.
Me gustaría decir que esta desgracia me la participó un tío mío.

Rafael Alberti macht sich ernste Sorgen wegen dieses Hundes,
■ der mir nichts dir nichts den Mond anpinkelt ■

PHILADELPHIA
hast du hündchen gegessen liebste
träume engel mit schnupfen
empfehle seele hut
mädchen geboren gesicht stutzflügel
sicherer tod.
HARRY LANGDON

(Telegramm von Harry Langdon an Ben Turpin)
R.A.

Nicht daß ich an den vorzeitigen Tod der prächtigen
Krawatten glauben würde,
oder an die kirchliche Bestattung der anonymsten Katzen,
oder an diesen schlappen Gram, den ein Baum an den Tag
legt, wenn er keinen Verehrer mehr hat.

Ich würde gern meinen Gedächtnisschwund bedauern.

Doch weiß ich, daß damals die Kakerlaken in meinen Brauen
hausten und ein ganzes Zigeunerlager in meinen
Ohren wuselte.
Hab ich's vergessen, daß meine Achselhöhlen
Ameisengruben waren
und daß in meinem Nabel eine Ziege zu schlafen pflegte?

Mariechen, gib mir Feuer!

Für einen gefühlvollen, von Sorgen umgetriebenen Farren
gibt es nichts Netteres,
als wenn man ihm zu verstehen gibt, daß die Kühe nicht
mehr ganz so oft in die Schule gehen.
Dieses Unheil, mit Verlaub, hat mir einer meiner Onkel
eingebrockt.

Mariquita,
¿eres tú ese grave disgusto sin importancia que
me espera?

Ahora resulta que yo no siento nada la clausura
de los colegios,
porque si mi dulce amor de entonces era un sinónimo de
escoba, hoy es algo así como ese perro que estalla en la
carretera.

¿Os parece poco motivo para
estar serio?

Mariechen,
bist du diese erhebliche Schererei ohne Belang, die mich erwartet?

Von hinterher bedaure ich keineswegs das abgesperrte Leben in den Schulen;
denn wenn meine süße Liebste von damals ein Synonym für Besen war, so ähnelt sie heut diesem Hund, der auf der Landstraße plötzlich loslegt.

Meint ihr, das sei kein hinreichender Grund, um ernst gestimmt zu sein?

Larry Semon explica a Stan Laurel y Oliver Hardy el telegrama que ■ Harry Langdon dirigió a Ben Turpin ■

Angelito constipado cielo.
Pienso alas moscas horrorizado
y en dolor tiernas orejitas alondras campos.

Cielo constipado angelito.
Nunca supe nada sepelio niños
y sí pura ascensión cuellos pajaritas.

Angelito cielo constipado.
Preguntad por mí a saliva desconsolada suelo
y a triste y solitaria colilla.

También yo he muerto.

Larry Semon

Larry Semon erklärt Stan Laurel und Oliver Hardy das Telegramm, das ■ Harry Langdon an Ben Turpin richtete ■

Engelchen erkältet himmel.
Denke flügel mücken entsetzt
und in trauer zarte öhrchen lerchen felder.

Himmel erkältet engelchen.
Hatte keine ahnung bestattung kinder
aber makellose himmelfahrt stehkrägen mit fliege.

Engelchen himmel erkältet.
Fragt nach mir trostlosen speichel boden
und traurigen einsamen stummel.

Auch ich bin gestorben.

Larry Semon

Stan Laurel y Oliver Hardy rompen sin ganas 75 ó 76 automóviles y luego afirman ■ que de todo tuvo la culpa una cáscara de plátano ■

(Poema representable)

Me sorprende que la ley seca haya decretado el
arrendamiento por hora de casi todos los guardias
porque yo quisiera saber quién inventó ese orgullo
que le entra al chocolate cuando se acuerda de la harina
lacteada.
Y es que a mí me preocupan mucho el silencio
y la astronomía
y la velocidad de un caballo parado
y la inmovilidad de los trenes expresos que predicen
la futura muerte de los tranvías
mas es que tú viniste al mundo con un sombrero
muy preocupado.
Sííííí.
Yo me acuerdo regularmente de mi abuelita materna
cuando un cuervo destruía las torres
y tú de desayuno te comías 114 clavos + 18 tachuelas
y es que a ti te jubilaron de chófer porque
ignorabas todas las ciudades
de la izquierda.
Me parece que voy a tener que llorar.
Me parece que yo voy a tener que llorar porque esta
madrugada una farola de gas asesinó
mi bicicleta.
NOS PARECE QUE VAMOS A TENER QUE LLORAR
y mi alma científicamente preocupada sabe que
la elaboración del cacao a vapor adelanta muy poco
con llorar,
porque yo suelo llorar casi siempre 12 ó 13 veces
al día y ahora resulta que se me han pasado las ganas
de merendar.
Me parece que se nos han pasado las ganas de merendar,
de llorar,
de merendar,

Stan Laurel und Oliver Hardy demolieren wider Willen 75 oder 76 Automobile und behaupten dann, ■ eine Bananenschale sei an allem schuld gewesen ■

(Aufführbares Gedicht)

Es erstaunt mich, daß das Antisuffgesetz die
Stundenverpachtung fast aller Polizisten verfügt hat
denn ich wüßte gern, wer den Hochmut erfunden hat, der in
die Schokolade fährt, sobald sie sich an das Baby-
Milchmehl erinnert
Mich beschäftigt nämlich sehr die Sorge um die Stille und
die Astronomie
und die Geschwindigkeit eines stillstehenden Pferdes
und die Unbeweglichkeit der Expreßzüge, die das
Aussterben der Trambahnen vorhersagen
aber du bist halt mit einem sehr sorgenvollen Hut zur Welt
gekommen.
Jaaaaaaa.
Ich denke regelmäßig an meine Omi mütterlicherseits,
wie ein Rabe die Türme zerstörte
und du zum Frühstück 114 Nägel + 18 Zwecken verzehrtest
und dich haben sie ja als Chauffeur in den Ruhestand
versetzt, weil du von all den Linksstädten keine
Ahnung hattest
Mir scheint, daß ich gleich weinen muß.
Mir scheint, daß ich gleich weinen muß, weil heut in aller
Herrgottsfrühe eine Gaslaterne mein Fahrrad
ermordet hat.
UNS SCHEINT, DASS WIR GLEICH WEINEN MÜSSEN
und mein wissenschaftlich beschäftigtes Gemüt weiß, daß
die Volldampfproduktion von Kakao kaum beschleunigt
wird durch Weinen,
denn ich pflege fast immer 12- oder 13mal täglich zu weinen,
und jetzt zeigt sich's, daß mir die Lust aufs Vespern
vergangen ist.
Mir scheint, daß uns die Lust aufs Vespern vergangen ist,
aufs Weinen,
aufs Vespern,

de llorar y merendar
o de merendar y llorar.
NOS PARECE QUE YA NO VAMOS A TENER NUNCA GANAS DE LLORAR NI DE MERENDAR.
Y es que yo quisiera morirme porque estoy muy enamorado
y es que yo me enternezco muchísimo cuando veo un policía vestido de pajarito blanco
y yo estoy muy enamorado y tú te enterneces muchísimo cuando ves un policía vestido de pajarito blanco
y es que padeces el gravísimo error de confundir
la comisaría con una frutería cuando yo me quiero morir.

Dime tú seriamente si yo me quiero morir.

aufs Weinen und Vespern
oder aufs Vespern und Weinen.
UNS SCHEINT, DASS WIR NIE WIEDER LUST AUFS WEINEN ODER AUFS VESPERN HABEN.
Und ich würde halt am liebsten sterben, weil ich arg verliebt bin,
und mich rührt es halt ganz ungemein, wenn ich einen Polizisten als weißhosigen Piepmatz sehe
und ich bin arg verliebt, und dich rührt es ganz ungemein, wenn du einen Polizisten als weißhosigen Piepmatz siehst,
und du unterliegst halt dem schwerwiegenden Irrtum,
die Polizeiwache mit einem Obstladen zu verwechseln, während ich doch sterben will.

Sag du mir doch ernstlich, ob ich sterben will.

Wallace Beery, bombero, es destituido de su cargo por no dar con ■ la debida urgencia la voz de alarma ■

Me parece que estoy pensando que no existe en
el mundo nada tan melancólico
como el serio atractivo que ofrece un par
de botas
para el monstruo que tiene que tragarse de un golpe
el timbre del teléfono.
Se me han carbonizado las orejas,
y lo que yo digo es que estoy seguro
de que los pequeñísimos botones de mi gorra me llaman
moribundos
entre los escombros del piso séptimo.

Debiendo hacer calor hace frío.
Es que creo que la manta de mi cama calienta
al ascensor.
¡Y toda esta catástrofe por tu culpa,
amor mío!

Yo no falto a la autoridad si
confieso
que mi uniforme no se halla en el lugar del siniestro.
No, no.
Y lo que yo digo es que no y que no.
Mi verdadera vida se halla expuesta
en la mesilla de noche.

Y esto, amor mío, es un peligro que nunca
tuvo respuesta.

No, no.
Que lo que yo diría es que sí y que no.
Y esto, amor mío, lo sabéis tú y el agua
mejor que yo.

Wallace Beery, Feuerwehrmann, wird seines Postens enthoben, weil er nicht mit ■ der gebotenen Eile Alarm geschlagen hat ■

Mir scheint, daß ich der Meinung bin, daß es auf der Welt
nichts so Melancholisches gibt
wie die ernstzunehmende Anziehungskraft, die ein Paar
Stiefel
für das Ungeheuer besitzt, das in einem Schwupp die
Telephonklingel verschlucken muß.
Die Ohren sind mir verkohlt,
und was ich sagen möchte, ist: ich bin sicher,
daß die winzigen Kordelknöpfchen meiner Dienstmütze
sterbend nach mir rufen
zwischen den Trümmern des siebten Stockwerks.

Obwohl es doch warm sein müßte, ist es kalt.
Mir ist, als ob meine Bettdecke den Fahrstuhl erwärmen
würde.
Und diese ganze Katastrophe durch deine Schuld, meine
Liebe!

Es ist kein Mangel an Respekt vor der Obrigkeit, wenn ich
gestehe,
daß meine Uniform sich nicht am Unglücksort befindet.
Nein, nein.
Und was ich sagen möchte, ist: nein, aber nein.
Mein wahres Leben liegt offen ausgebreitet
auf dem Nachttisch.

Und dies, meine Liebe, ist eine Gefahr, auf die es noch
keine Entgegnung gibt.

Nein, nein.
Denn was ich sagen würde, das wäre: ja und nein.
Und dies, meine Liebe, wißt ihr – du und das Wasser –
besser als ich.

¡Agua, agua, bomberos!
¿Qué van a pensar de mí los periódicos de mañana?

¿Qué, qué, cómo?
Repítalo.
¡Ah, sí!
¡¡¡Fuego!!!

Wasser, Wasser, Feuerwehrleute!
Was werden die Morgenblätter von mir halten?

Was, was, wie?
Ruf nochmal.
                    Ach ja!
                              Feuer!!!

Pase usted primero,
beso a usted la mano,
de ningún modo,
de ninguna manera.

Comtesse:
Votre cœur es un pájaro,
un tierno pajarito prisionero en la jaula del pecho,
que suspira de amor por un dulce bigote apasionado,
porque j'aime,
tu aimes,
il aime,
si olvidasteis que el mar es como un fondo neutro para el *flirt,*
si no fuera incorrecto hablaros de la orificada tortilla
y comparar vuestro traje color de vino
con un rubí derretido.

Encantado,
encantada,
todos estamos encantados,
conmovidos,
gracias,
de nada.

¿Cree usted seriamante que la filosofía es como un cigarrillo
o unos pantalones de golf?

Champignon,

■ Five o'clock tea ■

Bitte, nach Ihnen,
Küss' die Hand,
keinesfalls,
unter gar keinen Umständen.

Comtesse,
Votre cœur ist ein Vogel,
ein zartes Vögelchen, eingesperrt in dem Käfig der Brust,
seufzend vor Liebe zu einem leidenschaftlichen Schnurrbart,
denn j'aime,
tu aimes,
il aime,
wenn Ihr vergessen habt, daß das Meer gleichsam ein
neutraler Hintergrund für den *flirt* ist,
wenn es nicht unschicklich wäre, Euch gegenüber vom
goldplombierten Pfannkuchen zu reden,
und Euer weinfarbenes Kleid
mit einem geschmolzenen Rubin zu vergleichen.

Hocherfreut,
ganz meinerseits,
wir alle sind hocherfreut,
tief gerührt,
dankeschön,
o bitte.

Glauben Sie im Ernst, daß die Philosophie wie eine
Zigarette ist
oder ein Paar Golfhosen?

Champignon,

poil de carotte
pommes de terre.

El aire está demasiado puro para mandaros a la merde.
Y yo, madame, demasiado aburrido.
Adieu.

poil de carotte,
pommes de terre.

Die Luft ist zu rein, um Euch in die merde zu schicken.
Und ich, Madame, bin zu angeödet.
Adieu.

La defunción ante mi chaleco de los más poéticos
bosques
y la dispersión en bandada de los bellísimos crepúsculos,
más la delicadísima luna y los tristísimos
ruiseñores.
¿Por qué este muerto escoge para inclinarse la izquierda
y este otro prefiere la derecha?
Pero a ti te calificaremos de encina.
Mas tú careces de apellido.
Y este quisiera llamarse Carlos,
pero difunto ciprés.
¿Suspira usted por el trébol de cuatro hojas y los airecillos
balsámicos?

Madame,
voici la poésie:
serrín.

Daría por resultado la más hermosa fábrica de palillos de
dientes.
Odette,
mañana me caso.

Ralladuras muelas cocodrilo
y ojitos verdes ocas electrocutadas;
saliva policía rabioso,
mas consejo ingerir reloj
y vomitar anillo
poca importancia agua.
Un kilo tiene 10 metros.
Un metro vale 20 litros.

Resuelto totalmente el grave problema que acongoja
a los ultramarinos.
Huevos irrompibles.

■ Charles Bower, Erfinder ■

Das Hinscheiden der poetischsten Wälder angesichts
meiner Weste
und der zerstiebende Schwarm schönster Abenddämmerungen
samt dem zierlichsten Mond und den traurigsten
Nachtigallen.
Warum neigt sich dieser Tote lieber nach links
und jener andere mit Bedacht nach rechts?
Aber dich bezeichnen wir als Steineiche.
Doch du ermangelst eines Familiennamens.
Und der da würde gern Carlos heißen,
aber als Verstorbener Zypresse.
Schmachten Sie nach dem vierblättrigen Kleeblatt und den
balsamischen Lüften?

Madame,
voici la poésie:
Sägemehl.

Daraus ließe sich die stattlichste Zahnstocherfabrik
machen.
Odette,
morgen heirate ich.

Raspelspäne Backenzähne Krokodil
und grüne Äuglein Gänse durch Stromstöße getötet;
Speichel wütender Polizist,
aber empfehle Uhr hinunterzuschlucken
und Ring auszuspeien
Wasser kaum von Bedeutung.
Ein Kilo hat zehn Meter.
Ein Meter beträgt 20 Liter.

Völlig gelöst das schwierige Problem, das die
Kolonialwarenläden bedrückt.
Unzerbrechliche Eier.

El polo negativo no puede ser ni mucho menos igual que el
   positivo
para la creación de un fantasma.
De la urgente necesidad de asustar
   a los niños
y del deber que tiene un ingeniero de espantar a todo
   trance las hadas.

Aisladores,
latones viejos y muelles rotos de las
   camas.
Y tantísimos otros quebraderos científicos,
   Odette mía,
para morir airadamente y a manos de
   una sardina.

Mecánica.
Amor.
Poesía.
¡Oh!

Charles Bower.
Difunto inventor.

Der negative Pol kann keineswegs gleich dem
  positiven sein,
wenn es um die Erschaffung eines Phantoms geht.
Um die dringende Notwendigkeit, die Kinder zu
  erschrecken,
und um die Pflicht, die ein Ingenieur hat, um jeden Preis
  die Feen zu verscheuchen.

Isolatoren,
alte Messingbeschläge und kaputte Sprungfedern aus den
  Betten.
Und eine Menge von anderem wissenschaftlichen
  Klamüserkram, meine Odette,
es ist zum in die Luft gehen, zum Verenden unter den
  Händen einer Sardine.

Mechanik.
Liebe.
Poesie.
Oh!

Charles Bower
Verblichener Erfinder

■ Sermones y moradas ■

■ Sermone und Seelenräume ■

En frío, voy a revelaros lo que es un sótano por dentro.

Aquéllos que al bucear a oscuras por una estancia no hayan derribado un objeto, tropezado contra una sombra o un mueble; o al atornillar una bujía, sentido en lo más íntimo de las uñas el arañazo eléctrico e instantáneo de otra alma, que se suelden con dos balas de piedra o plomo los oídos.

Huyan los que ignoran el chirriar de una sierra contra un clavo o el desconsuelo de una colilla pisada entre las soldaduras de las losas.

Permanezcan impasibles sobre los nudos de las maderas todos los que hayan oído, tocado y visto.

Van a saber lo que es un sótano por dentro.

La primera verdad es ésta:

No pudo aquel hombre sumergir sus fantasmas, porque siempre hay cielos reacios a que las superficies inexploradas revelen su secreto.

La mala idea de Dios la adivina una estrella en seguida.

Yo os aconsejo que no miréis al mar cuando es enfriado por el engrudo y papeles de estraza absorben los esqueletos de las algas.

■ Sermon von den vier Wahrheiten ■

In kühler Nüchternheit werde ich euch enthüllen, was ein Kellergeschoß im Innern ist.

Die im Dunkel tastend durch einen Wohnraum tappen, ohne je etwas umzuwerfen, ohne gegen einen Schatten oder gegen ein Möbelstück zu stoßen; die beim Einschrauben einer Zündkerze noch nie bis tief hinein in die Fingernägel das jähe elektrische Kribbelkratzen einer anderen Seele verspürt haben, sollen sich mit zwei Kügelchen aus Stein oder Blei die Ohren verlöten.

Fliehen soll, wer das Kreischen der Säge nicht kennt, die auf einen Nagel gerät; wer nichts ahnt von der Trostlosigkeit einer Zigarettenkippe, die man in die Fuge zwischen den Bodenplatten getreten hat.

Gelassen aber verharren mögen auf den Knorren des Holzes alle, die gehört, berührt und gesehen haben.

Sie werden erfahren, was ein Kellergeschoß im Innern ist.

Die erste Wahrheit ist die:

Jener Mensch konnte seine Gespenster nicht versenken, weil es immer Himmel gibt, die sich dagegen sträuben, daß die unerforschten Oberflächen ihr Geheimnis offenbaren.

Die schlimme Absicht Gottes errät ein Stern sofort.

Ich rate euch: Schaut euch das Meer nicht an, wenn es abflaut, kaltgemacht vom Kleister, und wenn schlabberndes Packpapier die Algenskelette einschlingt.

Para un espíritu perseguido, los peces eran sólo una espina que se combaba al contacto de un grito de socorro o cuando las arenas de las costas, fundidas con el aceite hirviendo, volaban a cauterizar las espaldas del hombre.

No le habléis, desnudo como está, asediado por tres vahos nocturnos que le ahogan: uno amarillo, otro ceniza, otro negro.

Atended. Ésta es su voz:

– Mi alma está picada por el cangrejo de pinzas y compases candentes, mordida por las ratas y vigilada día y noche por el cuervo.

Ayudadme a cavar una ola, hasta que mis manos se conviertan en raíces y de mi cuerpo broten hojas y alas.

Alguna vez mis ascendientes predijeron que yo sería un árbol solo en medio del mar, si la ira inocente de un rey no lo hubiera inundado de harina y cabelleras de almagra no azotaran la agonía de los navegantes.

Ya podéis envaneceros de la derrota de aquel hombre que anduvo por el océano endurecido para ahogar sus fantasmas y sólo consiguió que los moluscos se le adhirieran a la sangre y las algas más venenosas le chuparan los ojos cuando la libertad rempujaba hacia él, corneándole desde el demonio más alto de los rompehielos.

Für einen gehetzten Geist waren die Fische nichts weiter als eine Gräte, die sich krümmte beim Kontakt mit einem Hilferuf oder wenn der Sand an den Küsten, verschmolzen mit dem siedenden Öl, aufflog, die Schultern des Menschen zu verätzen.

Sprecht ihn nicht an, nackt wie er ist, hart bedrängt von drei nächtlichen Dünsten, die ihn ersticken: ein gelber, ein aschgrauer, ein schwarzer.

Horcht! Dies ist seine Stimme:

– Meine Seele wird gepiekt vom Zangenkrebs und von weißglühenden Zirkeln, gebissen von den Ratten und überwacht bei Tag und bei Nacht vom Raben.

Helft mir, eine Welle umzugraben, bis meine Hände sich in Wurzeln verwandeln und aus meinem Körper Blätter und Flügel sprießen!

Gelegentlich prophezeiten mir meine Vorfahren, ich würde ein einsamer Baum inmitten des Meeres werden, wenn der einfältige Zorn eines Königs es nicht mit Mehl überschwemmt hätte und Kometenschweife aus Rötel nicht auf den Todeskampf der Seefahrer einschlügen.

Ihr könnt euch schon brüsten mit der Niederlage jenes Menschen, der sich herumtrieb auf dem hart gewordenen Ozean, um seine Gespenster zu ertränken, und nur erreichte, daß die Mollusken sich an sein Blut hefteten und die giftigsten Algen ihm die Augen ableckten, als die Freiheit auf ihn eindrang, mit Hornstößen von dem höchsten, verteufeltsten der Eisbrecher.

La segunda verdad es ésta:

Una estrella diluida en un vaso de agua devuelve a los
ojos el color de las ortigas o del ácido prúsico.

Pero para los que perdieron la vista en un cielo
de vacaciones, lo mejor es que extiendan
la mano y comprueben la temperatura
de las lluvias.

Al que me está leyendo o escuchando, pido una sola
sílaba de misericordia si sabe lo que es el roce
incesante de una mano contra las púas mohosas
de un cepillo.

También le suplico una dosis mínima de cloruro
de sodio para morder los dedos que aún sienten
en sus venas la nostalgia del estallido último
de un sueño: el cráneo diminuto
de las aves.

He aquí al hombre.

Loco de tacto, arrastra cal de las paredes entre las uñas,
y su nombre y apellidos, rayados con fuego, desde los
vértices de los pulmones hasta las proximidades
oscuras de las ingles.

No le toquéis, ardiendo como está, asediado por millones
de manos que ansían pulsarlo todo.

Escuchadle. Ésta es su voz:

Die zweite Wahrheit ist die:

Ein Stern, aufgelöst in einem Glas Wasser, gibt den Augen wieder die Farbe der Nesseln oder der Blausäure.

Aber für die, denen das Augenlicht in einem Ferienhimmel abhanden kam, ist es wohl das beste, wenn sie die Hand ausstrecken und die Temperatur der Regenfälle feststellen.

Den, der mich liest oder hört, bitte ich um eine einzige Silbe des Mitleids, falls er weiß, wie das ist, wenn eine Hand unablässig gegen den Strich über die schimmelnden Stachelborsten einer Bürste fährt.

Und ich flehe ihn überdies an, mir eine Minimaldosis Natriumchlorid zu geben, daß es mir auf den Fingern brenne, die noch immer in ihren Adern die Sehnsucht spüren nach dem endgültigen Zerbersten eines Traums: des winzigen Schädels der Vögel.

Da ist er, der Mensch.

Berührungswütig, schleppt er Kalk von den Wänden unter den Fingernägeln mit, und seinen Vornamen samt den Familiennamen, durchgestrichen mit Feuer, von den Lungenspitzen bis zur umdunkelten Leistengegend.

Rührt ihn nicht an, glutheiß wie er ist, bestürmt von Millionen Händen, die gierig alles befühlen wollen.

Hört ihn an! Dies ist seine Stimme:

– Mi alma es sólo un cuerpo que fallece por fundirse y rozarse con los objetos vivos y difuntos.

En mi cuerpo hubiera habitado un alma, si su sangre no le llevara, desde el primer día que la luz se dio cuenta de su inutilidad en el mundo, a sumergirse en los contactos sin eco: como el de una pierna dormida, contra la lana sórdida de un cobertor o un traje.

Voy a revelaros un asombro que hará transparentar a los espulgabueyes el pétreo caparazón de las tortugas y los galápagos:

El hombre sin ojos sabe que las espaldas de los muertos padecen de insomnio porque las tablas de los pinos son demasiado suaves para soportar la acometida nocturna de diez alcayatas candentes.

Si no os parece mal, decid a ese niño que desde el escalón más bajo de los zaguanes pisotea las hormigas, que su cabeza pende a la altura de una mano sin rumbo y que nunca olvide que en el excremento de las aves se hallan contenidas la oscuridad del infinito y la boca de lobo.

La tercera verdad es ésta:

Para delicia de aquel hombre a punto de morder las candelas heladas que moldean los cuerpos sumergidos por el Espíritu Santo en el sulfuro de los volcanes, la agonía lenta de su enemigo se le apareció entre el légamo inmóvil de una tinaja muerta de frío en un patio.

– Meine Seele ist nur ein Körper, der danach schmachtet, zu schmelzen und eins zu werden mit den lebendigen und den toten Dingen.

In meinem Körper hätte eine Seele gewohnt, wenn sein Blut ihn nicht dazu triebe, seit dem ersten Tag, an dem das Licht seine Nutzlosigkeit bemerkte, sich zu versenken in Kontakte ohne Widerhall: wie die Berührung eines eingeschlafenen Beines mit der schäbigen Wolle einer Bettdecke oder eines Anzugs.

Ich will euch etwas Erstaunliches enthüllen, das bewirkt, daß der steinerne Panzer der Garten- und der Brunnen-Schildkröten durchsichtig wird für die Madenhacker.

Der Mensch ohne Augen weiß, daß die Rücken der Toten an Schlaflosigkeit leiden, weil die Pinienbretter zu weich sind, um den nächtlichen Angriff von zehn weißglühenden Hakennägeln zu ertragen.

Falls es euch nicht unangebracht scheint, sagt diesem Kind, das in den Hausfluren von der untersten Treppenstufe aus die Ameisen zertritt, daß sein Kopf in der Höhe einer ausgerutschten Hand schwebt, und es nie vergessen möge, daß im Vogelkot das Dunkel der Unendlichkeit und die Nacht des Wolfsrachens lauert.

Die dritte Wahrheit ist die:

Zum Entzücken jenes Menschen, der drauf und dran ist, in die Eiskerzen zu beißen, welche die Körper der vom Heiligen Geist in das Sulfid der Vulkane Getauchten bilden, zeigte sich ihm der langsame Todeskampf seines Feindes im reglosen Lehm eines großen Tonkrugs, der erfroren ist in einem Hof.

Vais a hacerme un favor, antes de que estallen las
soldaduras de los tubos y vuestras lenguas sean de
tricalcina, yodoformo o palo de escoba: electrizad las
puertas y amarrad a la cola del gato una lata de
petróleo para que la muchedumbre de los ratones no
cuente a la penumbra de las despensas la conversión
de unas manos en cilicios ante el horror de unos ojos
parpadeantes.

Y como en las superficies sin rosas siempre se desaniman
cascotes y ladrillos que dificultan la pureza de las
alpargatas que sostienen el aburrimiento, el mal
humor y cansancio del hombre, idlos
aproximando cuidadosamente al filo
de aquella concavidad limosa donde las burbujas
agonizantes se suceden de segundo
en segundo.

Porque no existe nada más saludable para la arcilla que
madura la muerte como la postrera contemplación
de un círculo en ruina.

Yo os prevengo, quebrantaniños y mujeres beodos que
aceleráis las explosiones de los planetas y los osarios,
yo os prevengo que cuando el alma de mi enemigo hecha
bala de cañón perfore la Tierra y su cuerpo
ignorante renazca en la torpeza del topo o en el
hálito acre y amarillo que desprende la saliva
seca del mulo, comenzará la perfección de
los cielos.

Tut mir noch einen Gefallen, ehe die Schweißnähte der Röhren platzen und eure Zungen zu Beton, Jodoform oder einem Besenstiel werden: elektrisiert die Türen und befestigt am Wedel der Katze eine Petroleumbüchse, damit das Mäusevolk dem Halbdunkel der Speisekammern nichts erzähle von der Bekehrung gewisser Hände in Sack und Asche angesichts der Schrecklichkeit zweier blinzelnder Augen.

Und da auf den Flächen ohne Rosen immer Ziegeltrümmer und Backsteine verzagen, die Reinheit der Hanfschuhe erschwerend, welche die Langeweile, die üble Laune und die Müdigkeit des Menschen tragen – auf denn, schiebt sie behutsam bis dicht an den Rand jener schlammgefüllten Kuhle heran, wo die sterbenskranken Luftblasen aufsteigen, eine nach der andern, von Sekunde zu Sekunde.

Denn es gibt nichts Heilsameres für den Lehm, der den Tod zur Reife bringt, als die letzte besinnliche Betrachtung eines geborstenen Kreises.

Ich warne euch, trunkene Kinderknacker, trunkene Weiber, die ihr das Bersten der Planeten und der Beinhäuser fördert, ich warne euch, denn wenn die Seele meines Feindes, zur Kanonenkugel geworden, die Erde durchbohrt und sein unwissender Körper wieder auflebt im Stumpfsinn des Maulwurfs oder im ätzenden gelben Odem, der vom eingetrockneten Speichel des Maulesels ausgeht, wird anheben die Vollkommenheit der Himmel.

Entre tanto, gritad bien fuerte a esa multitud de esqueletos violentadores de cerraduras y tabiques, que aún no sube a la mano izquierda del hombre la sangre suficiente para estrangular bajo el limo una garganta casi desposeída ya del don entrecortado de la agonía.

La cuarta y última verdad es ésta:

Cuando los escabeles son mordidos por las sombras y unos pies poco seguros intentan comprobar si en los rincones donde el polvo se desilusiona sin huellas las telarañas han dado sepultura a la avaricia del mosquito, sobre el silencio húmedo y cóncavo de las bodegas se persiguen los diez ecos que desprende el cadáver de un hombre al chocar contra una superficie demasiado refractaria a la luz.

Es muy sabido que a las oscuridades sin compañía bajan en busca de su cuerpo los que atacados por la rabia olvidaron que la corrupción de los cielos tuvo lugar la misma noche en que el vinagre invadió los toneles y descompuso las colchas de las vírgenes.

No abandonéis a aquel que os jura que cuando un difunto se emborracha en la Tierra su alma le imita en el Paraíso.

Pero la de aquel hombre que yace entre las duelas comidas y los aros mohosos de los barriles abandonados, se desespera en el fermento de las vides más agrias y grita en la rebosadura de los vinos impuros.

Bis dahin buht aus vollem Hals diese Skelette aus, die in Massen Türschlösser sprengen und Zwischenwände durchbrechen; denn noch steigt in die linke Hand des Menschen nicht Blut genug, daß er unter dem Schlamm eine Kehle erdrosseln könnte, die fast schon entsagt hat der stoßweise gewährten Befähigung zum Todeskampf.

Die vierte und letzte Wahrheit ist die:

Wenn die Schemel angenagt werden von den Schatten und zwei nicht eben sichere Füße festzustellen suchen, ob in den Winkeln, wo der Staub alle Hoffnung aufgibt, die Spinnweben spurlos die Habgier der Stechmücke begraben haben, jagen über der feuchten, ausgehöhlten Stille der Weinkeller die zehn Echos einander nach, die der Leichnam eines Menschen von sich gibt, wenn er aufschlägt auf einer Fläche, die allzu hart das Licht zurückweist.

Es ist wohlbekannt, daß in die Dunkelheiten ohne Geleit, auf der Suche nach ihrem Körper, jene hinabsteigen, die, von der Wut befallen, vergaßen, daß der Verfall der Himmel sich in derselben Nacht ereignete, da der Essig in die Fässer eindrang und das Bettzeug der Jungfrauen zersetzte.

Verlaßt nicht denjenigen, der euch dies schwört: Wenn ein Verstorbener sich in der Erde einen Rausch antrinkt, tut seine Seele desgleichen im Paradies.

Doch die Seele dessen, der zwischen den zerfressenen Dauben und den rostigen Reifen der verlassenen Fässer liegt, verzweifelt in der Hefe der sauersten Reben und schreit im Überfluß der unreinen Weine.

Escuchad. Ésta es su voz:

– Mi casa era un saco de arpillera, inservible hasta para
remendar el agujero que abre una calumnia en la órbita
intacta de una estrella inocente.

No asustaros si os afirmo que yo, espíritu y alma
de ese muerto beodo, huía por las noches de mi
fardo para desangrarme las espaldas contra
las puntas calizas de los
quicios oscuros.

Bien poco importa a la acidez de los mostos descompuestos
que mi alegría se consuma a lo largo de las maderas en
las fermentaciones más tristes que tan sólo causan la
muerte al hormigón anónimo que trafica con su grano de
orujo.

En frío, ya sabéis lo que es un sótano
por dentro.

Horcht! Das ist seine Stimme:

– Mein Haus war ein Rupfensack, der nicht mal dazu taugt, das Loch zu flicken, das eine Verleumdung in die makellose Kreisbahn eines unschuldigen Sternes reißt.

Erschreckt nicht, wenn ich euch bestätige, daß ich, Geist und Seele dieses betrunkenen Toten, in den Nächten meinem Bündel davonlief, um meinen Rücken ausbluten zu lassen an den Kalkzacken der dunklen Türlaibungskanten.

Für den Säuregehalt des zersetzten Mostes ist es recht unerheblich, daß meine Freude einschnurrt längs der Hölzer in den traurigsten Gärungen, welche einzig und allein die namenlose große Ameise umbringen, die es so wichtig hat mit ihrem Stückchen Trester.

In kühler Nüchternheit wißt ihr nun, was ein Kellergeschoß im Innern ist.

Si es el silbido de un muchacho lo que hace iluminarse las ramas
y revivir de sueño esos balcones creados de improviso por una golondrina para que los instrumenten los aires,
los aires enterrados en las arpas que las lloviznas hacen saltar de pronto,
deja tú que mi muerte se despida despacio de los cielos que se buscan y no se encuentran.
¿Quién me engañó encendiendo su alma a esas alturas donde las voces tienen ya el aleteo de un ave sumergida?
Estas noches se hunden con el arrepentimiento de haber sido las inventoras de los fantasmas helados.
Decidme adiós casi tres veces desde los lugares más oscuros.
Es lo único que pido.
Porque yo no me acuerdo bien si a ti te conocí debajo del agua,
si a ésta la despertó el choque de una piedra contra las herraduras de los caballos
o si a aquélla le dieron la vida los espejos que recogen el frío de esos ojos que se deshacen.
Olvido,
olvido y lágrimas para las luces que se creen ya perdidas definitivamente.

■ Abschied von den verlorenen Lichtern ■

Wenn es der Pfiff eines jungen Burschen ist, was die
Zweige aufleuchten läßt
und vom Schlaf erweckt die Balkone, die eine Schwalbe
unversehens erschaffen hat, damit die Lüfte sie
instrumentieren,
die luftigen Lieder, die begraben liegen in den Harfen und
plötzlich aufspringen unterm sprühenden Regen,
so erlaube du, daß mein Tod langsam Abschied nimmt von
den Himmeln, die sich suchen und sich nicht finden.
Wer betrog mich, indem er sein Herz entfachte, daß es
aufflammte bis in die Höhen, wo die Worte schon mit
den Flügeln schlagen wie ein untergetauchter Vogel?
Diese Nächte sinken nieder, bedrückt von dem Reuegefühl,
daß sie die Erfinderinnen der gefrorenen Gespenster
waren.
Sagt mir Ade, zweimal, dreimal, aus den dunkelsten
Winkeln.
Dies ist das einzige, worum ich bitte.
Denn ich kann mich nicht mehr genau erinnern, ob ich dich
unterm Wasser kennengelernt habe,
ob dieses aufgeweckt wurde von dem Zusammenprall eines
Steines mit den Hufeisen der Pferde,
oder ob jenes belebt wurde durch die Spiegel, welche die
Kälte dieser Augen sammeln, die entschwinden.
Vergessen,
Vergessen und Tränen für die Lichter, die sich bereits für
endgültig verloren halten.

Son las hojas,
las hojas derrotadas por un abuso de querer
ser eternas,
de no querer pensar durante un espacio de seis lunas en lo
que es un desierto,
de no querer saber lo que es la insistencia de una gota
de agua sobre un cráneo desnudo clavado a
la intemperie.
Pueden sobrevenirnos otras desgracias.
¿A cuántos estamos hoy?

Se barren y amontonan con los huesos que no adquirieron
en la vida la propiedad de una tumba.

Yo sé que te lastimo,
que ya no hay ámbito para huir,
que la sangre de mis venas ha sufrido un arrebato
de humo.
Tú tenías los ojos amarillos y ahora ya no puedes
comprender claramente lo que son las cenizas.

No estamos.
Éramos esto o aquello.

■ Sie sind weg ■

Es sind die Blätter,
die zerstörten Blätter, zugrunde gegangen, weil sie süchtig
unsterblich sein wollten,
sechs Monde lang nicht daran denken wollten, was eine
Wüste ist,
nicht wissen wollten, welche Eindringlichkeit ein
Wassertropfen auf einem nackten Schädel hat,
der schutzlos dem Wetter preisgegeben ist.
Noch anderes Mißgeschick kann über uns kommen.
Den wievielten haben wir heut?

Sie werden zusammengefegt, haufenweise, samt den Knochen,
die es im Leben nicht zum Besitz eines Grabes brachten.

Ich weiß, daß ich dir wehtue,
daß es keinen Bereich mehr gibt, wohin man flüchten könnte.
daß das Blut in meinen Adern einen Anfall von
qualmender Wut erlitten hat.
Deine Augen waren gelb, und jetzt kannst du nicht mehr
klar erfassen, was die Ascheflocken sind.

Wir sind nicht da.
Wir waren dies oder jenes.

■ Sin más remedio ■

Tenía yo que salir de la tierra,
la tierra tenía que escupirme de una vez para siempre como
un hijo bastardo,
como un hijo temido a quien no esperan nunca reconocer
las ciudades.
Había que llorar hasta mover los trenes y
trastornar a gritos las horas de las
mareas,
dando al cielo motivo para abandonarse a una pena sin
lluvia.
Había que expatriarse involuntariamente,
dejar ciertas alcobas,
ciertos ecos,
ciertos ojos vacíos.

Ya voy.

Tenías tú que vivir más de una media vida sin
conocer las voces que ya llegan pasadas por
el mundo,
más aislado que el frío de una torre encargada
de iluminar el rumbo de las aves
perdidas,
sobre el mar que te influye hasta hacerte saladas
las palabras.
Tú tenías a la fuerza que haber nacido solo y sufrido
sin gloria para decirme:

Hace ya treinta años que ni leo los periódicos:
mañana hará buen tiempo.

■ Unausweichlich ■

Ich mußte die Erde verlassen,
die Erde mußte mich ausspeien, ein für allemal, wie einen Bastard,
wie ein unerwünschtes Kind, das die Städte nie anerkennen wollen.
Weinen mußte es, bis die Eisenbahnen vor Rührung sich regten, und schreien, bis der Stundenplan der Gezeiten durcheinander geriet,
was den Himmel dazu bewog, sich einem regenlosen Leid zu überlassen.
Auswandern mußte es, wider Willen,
fort von gewissen Schlafzimmern,
gewissen Echos,
gewissen leeren Augen.

Ich geh schon.

Mehr als ein halbes Leben mußtest du leben, ohne die Vokabeln zu kennen, die schon veraltet zur Welt kommen,
isolierter als die Kältestarre eines Turmes, der den Auftrag hat, leuchtend den verirrten Vögeln die Richtung zu weisen,
über dem Meer, das so auf dich einwirkt, daß selbst deine Worte salzig geworden sind.
Du mußtest unabdingbar einsam geboren werden und ruhmlos leiden, um mir zu sagen:

Seit dreißig Jahren schon lese ich nicht mal die Zeitungen:
Morgen wird schönes Wetter sein.

¿Qué me decís de las mazmorras inundadas de tinta corrompida, donde la furia de un formón enloquecido resquebraja el remordimiento?

A veces, las llovizjnas más distantes de unos ojos sin cuencas para recoger una nube y el olvido de esas hojas que se destierran a sí mismas para ocultar a un pájaro recién muerto, son las causas de estas caídas.

Amigo, en las cárceles involuntarias, los tribunales de la tormenta son excesivamente severos: ni unas esposas para que los muros no sufran el envite de una conciencia desesperada, ni una cuña de plomo para que unos labios no conversen con su propia sangre.

Mientras tanto, ¿qué es lo que piensas tú, alma remordida de un empalado vivo?

– ¡Esas islas, esas islas que el agua de las lluvias ha ido infiltrando noche a noche en el desierto de estos cinco tabiques!

■ Raum der eingesperrten Seele ■

Was sagt ihr zu den Verliesen, überschwemmt von fauliger Tinte, wo die Raserei eines wahnsinnig gewordenen Stechbeitels die Reuequal aufreißt?

Die fernsten Nieselregen von Augen ohne Höhlungen, die eine Wolke aufnehmen könnten, und die Vergessenheit jener Blätter, die sich selber verbannen, um einen eben gestorbenen Vogel zu verdecken, sind manchmal die Ursache dieser Stürze.

Mein Freund, in den Kerkern, die kein Wille bestimmt, hält das Unheil Gericht mit maßloser Strenge: keine Handschellen, um die Mauern zu schützen vor der Wucht eines verzweifelten Gewissens; kein bleierner Keil, der die Lippen hindern würde, mit ihrem eigenen Blut zu sprechen.

Und bei alledem – was denkst du da, du von Reue gequälte Seele eines lebendig Gepfählten?

– Diese Inseln, diese Inseln, die das Regenwasser eingeschleust hat, Nacht für Nacht, in die Wüste dieser fünf Wände!

Yo anduve toda una ■ noche con los ojos cerrados ■

Se moría la vía láctea por dormir una hora tan sólo sobre
los trigos,
una hora siquiera para olvidar tanto camino
derramado,
tanto último eco de almas anónimas de héroes recuperadas
por el aire.
Ya sé salvarme a ciegas de esas torres que han
de preguntar al alba por el origen de
mi cuna.
Soy ése,
ese mismo que sigue la ruta aérea de su sangre sin querer
abrir los ojos.
Nacen pájaros que corren el peligro de estrellarse contra
los astros más próximos.

Mis pies han demostrado que si hay piedras en el cielo son
casi inofensivas
allí donde las manos escogen para reposo la penumbra de
las guitarras
y los cabellos recuerdan todavía el llanto de los sauces
cuando fallecen los ríos.
Mañana me oiréis afirmar que aún existen alturas
donde los oídos perciben el rastro de una hoja
muerta diez siglos antes y ese nombre velado
que flota en el descenso de las
voces desaparecidas.
Ya a mí no me hace falta para nada comprobar la redondez
de la Tierra.

Eine ganze Nacht lang
■ ging ich mit geschlossenen Augen umher ■

Die Milchstraße sehnte sich zehrend danach, eine einzige
Stunde nur auf den Weizenfeldern zu schlafen,
eine Stunde wenigstens, um all den vergeudeten Weg zu
vergessen,
all den letzten Widerhall namenloser Heldenseelen, die
zurückgelangt sind in den Besitz der Luft.
Blindlings weiß ich hinwegzukommen über diese Türme,
die gewiß die Morgendämmerung nach der Herkunft
meiner Wiege fragen werden.
Ich bin der da,
eben der, der dem Luftweg seines Blutes folgt, ohne die
Augen öffnen zu wollen.
Vögel tauchen auf, die Gefahr laufen, an den nächsten
Gestirnen zu zerschellen.

Meine Füße haben bewiesen, daß, wenn es Steine am
Himmel gibt, sie fast harmlos sind,
dort, wo die Hände als Ruheort das Halbdunkel der
Gitarren wählen
und die Haare sich noch an das Weinen der Weiden beim
Hinscheiden der Flüsse erinnern.
Morgen werdet ihr mich bestätigen hören, daß es noch
Höhen gibt, wo die Ohren die Fährte eines Blattes
wahrnehmen, das vor zehn Jahrhunderten gestorben ist,
und diesen verschleierten Namen, der im Sinken der
verschwundenen Stimmen schwebt.
Ich brauche nun nimmer, für nichts mehr, den Beweis, daß
die Erde rund ist.

Ya en mi alma pesaban de tal modo los muertos
futuros
que no podía andar ni un solo paso sin que las piedras
revelaran sus entrañas.
¿Qué gritan y defienden esos trajes retorcidos por las
exhalaciones?
Sangran ojos de mulos cruzados de escalofríos.
Se hace imposible el cielo entre tantas tumbas anegadas
de setas corrompidas.

¿Adónde ir con las ansias de los que han de
morirse?
La noche se desploma por un exceso de equipaje
secreto.
Alabad a la chispa que electrocuta las huestes y
los rebaños.
Un hombre y una vaca perdidos.

¿Qué nuevas desventuras esperan a las hojas para este
otoño?
Mi alma no puede ya con tanto cargamento
sin destino.
El sueño para preservarse de las lluvias intenta
una alquería.
Anteanoche no aullaron ya las lobas.

¿Qué espero rodeado de muertos al filo de una
madrugada indecisa?

Schon so schwer lasteten auf meiner Seele die künftigen
Toten,
daß ich keinen einzigen Schritt tun konnte, ohne daß die
Steine ihre Eingeweide aufdeckten.
Was schreien und verfechten diese Kleider, verdreht von
den Blitzschlägen?
Es bluten Maultieraugen, durchzuckt von Fieberschauern.
Der Himmel macht sich unmöglich zwischen so vielen
Gräbern, überronnen von verfaulten Pilzen.

Wo denn hingehen mit den Ängsten derer, die sterben
sollen?
Die Nacht bricht zusammen unter einem Übermaß von
geheimem Gepäck.
Lobt den Funken, der die elektrische Hinrichtung der
Heerscharen und der Herden besorgt.
Ein verlorener Mensch und eine verlorene Kuh.

Welch neue Mißgeschicke warten auf die Blätter im
kommenden Herbst?
Meine Seele wird nicht mehr fertig mit soviel Fracht ohne
Bestimmungsort.
Der Traum erstrebt, um sich vor den Regenfällen zu
schützen, einen Bauernhof.
Vorgestern abend heulten die Wölfinnen nicht mehr.

Was erwarte ich, umringt von Toten, zu Beginn einer
unentschiedenen Morgenfrühe?

Me llama, me grita, me advierte, me despeña y me
alza, hace de mi cabeza un yunque en medio de las
olas, un despiadado yunque contra quien
deshacerse zumbando.

Hay que tomar el tren, le urge. No lo hay. Salió.
Y ahora me dice que ella misma lo hizo volar
al alba, desaparecer íntegro ante un amanecer
de toros desangrándose a la boca de
un túnel.

Sé que estoy en la edad de obedecerla, de ir detrás
de su voz que atraviesa desde la hoja helada
de los trigos hasta el pico del ave que nunca pudo
tomar tierra y aguarda que los cielos se hagan
cuarzo algún día para al fin detenerse un
solo instante.

La edad terrible de violentar con ella las puertas
más cerradas, los años más hundidos por los que
hay que descender a tientas, siempre con el
temor de perder una mano o de quedar sujeto
por un pie a la última rendija, ésa que filtra un
gas que deja ciego y hace oír la caída del agua
en otro mundo, la edad terrible está presente,
ha llegado con ella, y la
sirvo:

mientras me humilla, me levanta, me inunda,
me desquicia, me seca, me abandona, me
hace correr de nuevo, y yo no sé llamarla
de otro modo:

Mi sangre.

■ Sermon vom Blut ■

Es lockt mich, ruft mich, warnt mich, stürzt mich hinab und erhebt mich, macht aus meinem Kopf einen Amboß inmitten der Wellen, einen erbarmungslosen Amboß, brausend daran zu zerschellen.

Es muß den Zug nehmen, dringend, jetzt gleich. Keiner da. Abgefahren. Und da sagt es mir, daß es selbst ihn gesprengt hat in aller Frühe, ihn komplett in die Luft gejagt hat, vor der Morgenerscheinung verblutender Stiere am Eingang eines Tunnels.

Ich weiß, daß ich in dem Alter bin,wo man ihm zu gehorchen hat, seiner Stimme nachlaufen muß, die vom vereisten Brachfeld bis zum Schnabel des Vogels dringt, der niemals landen konnte und darauf wartet, daß die Himmel eines Tages zu Quarz würden und es endlich verweilen könnte, einen einzigen Augenblick.

Das schreckliche Alter, in dem man mit ihm die verschlossensten Türen aufbrechen muß, die versunkensten Jahre, zu denen man blindlings tappend hinabsteigt, immer in der Angst, eine Hand zu verlieren oder hängenzubleiben mit einem eingeklemmten Fuß im letzten Türspalt, der Ritze, aus der heimlich ein Gas strömt, das einen blind macht und hören läßt das Fallen von Wasser in einer anderen Welt, das schreckliche Alter ist da, ist gekommen mit ihm, und ich diene ihm:

während es mich demütigt, mich erhebt, mich überflutet, mich aus den Angeln hebt, mich ausdörrt, mich verläßt, mich von neuem aufjagt, und ich es nicht anders nennen kann:

Mein Blut.

Elegía a Fernando Villalón
(1881–1930)

Se ha comprobado el horror de unos zapatos rígidos
contra la última tabla de un cajón destinado a limitar por espacio de poco tiempo la invasión de la tierra,
de esa segunda tierra que sólo habla del cielo por lo que oye a las raíces,
de esa que sólo sale a recoger la luz cuando es herida por los picos,
cortada por las palas
o requerida por las uñas de esas fieras y pájaros que prefieren que el sueño de los muertos haga caer la luna sobre hoyos de sangre.
Dejad las azoteas,
evitad los portazos y el llanto de ese niño para quien las ropas de los rincones son fantasmas movibles.
¿Tú qué sabes de esto,
de lo que sucede cuando sobre los hombros más duros se dobla una cabeza y de un clavo en penumbra se desprende el ay más empolvado de una guitarra en olvido?
¿A ti qué te importa que de un álamo a otro salte un estoque solitario o que una banderilla de fuego haga volar la orilla izquierda de un arroyo y petrifique el grito de los alcaravanes?
Estas cosas yo sólo las comprendo
y más aún a las once y veinte de la mañana.

Parece que fue ayer.

■ Dieses glühende Pferd in den verlorenen Hainen ■

Elegie für Fernando Villalón
(1881–1930)

Erwiesen ist das Grauen zweier starrer Schuhe vor dem
letzten Brett einer Kiste, die dazu bestimmt ist, für einen
kurzen Zeitraum das feindselige Eindringen der Erde
abzudämmen,
dieser zweiten Erde, die nur nach dem Hörensagen, nach
dem an den Wurzeln Erlauschten, vom Himmel redet,
dieser Erde, die nur zufällig das Licht aufschnappt, wenn
sie versehrt wird von den Schnäbeln,
aufgeschlitzt wird durch die Spaten
oder durchstöbert von den Krallen jener Raubtiere und
Vögel, denen es lieber ist, wenn der Schlaf der Toten den
Mond auf Gruben voll Blut fallen läßt.
Verlaßt die Sonnenterrassen,
vermeidet das Türenschlagen und das Greinen des Kindes,
für das die Kleider in der Zimmerecke Gespenster sind,
die sich regen.
Du, was weißt du davon,
von dem, was geschieht, wenn auf die festesten Schultern
ein Kopf herabsinkt und von einem Nagel im
Halbdunkel das staubigste Ach einer vergessenen
Gitarre sich löst?
Dich, was kümmert es dich, daß von einer Pappel zur
andern ein einsamer Matadordegen zuckt und ein
Nackenspieß mit feuersprühendem Knallfrosch das linke
Ufer eines Baches in die Luft jagt und den Ruf der
Rohrdommeln versteinert?
Diese Dinge begreife nur ich,
und vor allem um 11 Uhr 20 vormittags.

Es ist, als wäre es gestern gewesen.

Y es que éste fue uno de los enterrados con el reloj de
plata en el bolsillo bajo del chaleco,
para que a la una en punto desaparecieran las islas,
para que a las dos en punto a los toros más negros se
les volviera blanca la cabeza,
para que a las tres en punto una bala de plomo
perforara la hostia solitaria expuesta en la custodia
de una iglesia perdida en el cruce de dos veredas:
una camino de un prostíbulo y otra de un balneario
de aguas minerales
(y el reloj sobre el muerto),
para que a las cuatro en punto la crecida del río
colgara de una caña el esqueleto de un pez aferrado
al pernil de un pantalón perteneciente a un marino
extranjero,
para que a las cinco en punto un sapo extraviado entre
las legumbres de una huerta fuera partido en dos
por la entrada imprevista de una rueda de coche
volcado en la cuneta,
para que a las seis en punto las vacas abortadas
corrieran a estrellarse contra el furgón de cola de
los trenes expresos,
para que a las siete en punto los hombres de las
esquinas apuñalaran a esa muchacha ebria que por
la puerta falsa sale a arrojar al centro de la calle
cáscaras de mariscos y huesos de aceitunas
(y el reloj sobre el muerto),
para que a las ocho en punto cinco gatos con las orejas
cortadas volcaran el vinagre y los espejos de los
pasillos se agrietaran de angustia,
para que a las nueve en punto en la arena desierta de
las plazas una mano invisible subrayara el lugar
donde a las cuatro y siete de la tarde había de ser
cogido de muerte un banderillero,

Er nämlich war einer von denen, die sich begraben ließen
mit der silbernen Uhr in der Westentasche,
damit Punkt eins die Inseln untergehen,
damit Punkt zwei die schwärzesten Stiere weißhäuptig
werden,
damit Punkt drei eine Bleikugel die einsame Hostie
durchschlägt, die ausgesetzt ist in der Monstranz einer
verlorenen Kirche an der Kreuzung zweier Fußwege:
der eine führt zum Bordell, der andere zu einem
Mineralbad
(und die Uhr auf dem Toten),
damit Punkt vier das Hochwasser des Flusses eine Rute
behängt mit dem Skelett eines Fisches, festgebissen am
Bein einer Hose, die einem ausländischen Seemann
gehört,
damit Punkt fünf eine Kröte, die sich zwischen das Gemüse
eines Gartengeländes verirrt hat, halbiert wird durch das
unvermutete Auftauchen eines Rades von einem in den
Graben gekippten Auto,
damit Punkt sechs die Kühe, die verworfen haben,
davonrasen und am Gepäckwagen der Expreßzüge
zerschellen,
damit Punkt sieben die Männer von den Straßenecken das
betrunkene Mädchen erdolchen, das zur Hintertür
herauskommt, um Olivenkerne und Schalen von
Meeresgetier mitten auf die Straße zu schmeißen
(und die Uhr auf dem Toten),
damit Punkt acht fünf Katzen mit zerschlissenen Ohren den
Essig verschütten und die Spiegel in den Korridoren
rissig werden vor Angst,
damit Punkt neun im öden Sand der Arenen eine
unsichtbare Hand die Stelle unterstreicht, wo um vier
Uhr sieben am Nachmittag ein Banderillero tödlich
getroffen werden soll von den Stierhörnern,

para que a las diez en punto por los corredores
sin luz a una mujer llorosa se le apagaran las cerillas
y al noroeste de un islote perdido un barco
carbonero viera pasar los ojos de todos los
ahogados
(y el reloj sobre el muerto),
para que a las once en punto dos amigos situados en
distintos lugares de la tierra se equivocaran de
domicilio y murieran de un tiro en el escalón
decimonono de una escalera,
y para que a las doce en punto a mí se me paralizara la
sangre y con los párpados vueltos me encontrara de
súbito en una cisterna alumbrada tan sólo por los
fuegos fatuos que desprenden los fémures de un
niño sepultado junto a la veta caliza de una piedra
excavada a más de quince metros bajo el nivel del
mar.

¡Eh, eh!

Por aquí se sale a los planetas desiertos,
a las charcas amarillentas donde hechas humo flotan
las palabras heladas que nunca pudo articular la
lengua de los vivos.
Aquí se desesperan los ecos más inmóviles.
He perdido mi jaca.
Pero es que yo vengo de las puertas a medio entornar,
de las habitaciones oscuras donde a media voz se
sortean los crímenes más tristes,
de esos desvanes donde las manos se entumecen al
encontrar de pronto el origen del desfallecimiento
de toda una familia.
Sí,
pero yo he perdido mi jaca

damit Punkt zehn in den lichtlosen Gängen einer
weinenden Frau die Streichhölzer erlöschen und
nordwestlich von einem verlorenen Felseneiland ein
Kohlenkutter die Augen aller Ertrunkenen
vorübergleiten sieht
(und die Uhr auf dem Toten),
damit Punkt elf zwei Freunde, die an verschiedene Orte
der Erde versetzt sind, den Wohnsitz verwechseln und
getötet werden durch einen Schuß auf der neunzehnten
Stufe einer Treppe,
und damit Punkt zwölf mir das Blut stockt und ich mich
jählings mit verdrehten Lidern in einer Zisterne befinde,
erleuchtet nur von den Irrlichtern, die ausgehen von den
Oberschenkelknochen eines kleinen Kindes, bestattet
bei der Kalkmaserung eines Steins, den man
ausgegraben hat, mehr als fünfzehn Meter unter dem
Meeresspiegel.

He! He!

Von hier gelangt man zu den unbelebten Planeten,
zu den fahlgelben Tümpeln, wo als Dunst die gefrorenen
Worte treiben, welche die Zunge der Lebenden niemals
auszusprechen vermochte.
Hier verzweifeln die völlig reglosen Echos.
Ich habe mein Pferdchen verloren.
Aber ich komme halt aus den angelehnten Türen,
aus den dunklen Behausungen, wo man mit halblauter
Stimme die trübsten Verbrechen verlost,
aus jenen Rumpelkammern, wo einem die Hände
erstarren, wenn man plötzlich auf die Ursache der
Ohnmacht einer ganzen Familie stößt.
Ja,
aber ich hab mein Pferdchen verloren,

y mi cuerpo anda buscándome por el sudoeste
y hoy llega el tren con dos mil años de retraso
y yo no sé quién ha quemado estos olivos.

Adiós.

und mein Körper geht nach Südwest, um mich zu suchen,
und heut kommt der Zug mit zweitausend Jahren Verspätung,
und ich weiß nicht, wer diese Olivenbäume niedergebrannt hat.

Ade!

■ Adiós a la sangre ■

Yo me decía adiós llorando en los andenes.
Sujetadme,
sujetad a mi sangre,
paredes,
muros que la veláis y que la separáis de otras sangres que duermen.
¿Yo me decía adiós porque iba hacia la muerte?

Ahora,
cuando yo diga *ahora,*
haced que el fuego y los astros que iban a caer se hielen.
Que yo no diga nunca esa palabra en los trenes.

Porque,
escuchad:
¿es vuestra sangre la que grita al hundirse en el agua con los puentes?

■ Abschied vom Blut ■

Ich sagte mir Ade, weinend auf den Bahnsteigen.
Haltet mich fest,
haltet mein Blut,
Wände,
Mauern, die ihr es bewacht und es trennt von vielfältig
   anderem Blut, das schläft.
Sagte ich mir Ade, weil ich dem Tod entgegenging?

Jetzt,
wenn ich *jetzt* sagen werde,
macht, daß das Feuer und die Gestirne, die schon fallen
   wollten, gefrieren.
Daß ich nie dieses Wort in den Zügen sage.

Denn,
horcht:
Ist es euer Blut, das aufschreit, indes es versinkt im Wasser
   mitsamt den Brücken?

Tú que pierdes el color de los cielos en comprobar la justeza de un tornillo, la exactitud de una llave o la blancura exaltada que adquieren los aisladores junto a las golondrinas, disuélvete por esta sola noche en el humo de las chimeneas que se disparan y oculta lo que has visto sobre el sosiego petrificado de los mundos: la luna de los grandes centros fabriles va a hundirse para siempre en los altos hornos de una compañía metalúrgica.

La ciudad que conoce la precipitación de la sangre hacia el ocaso de las coronas, se inclina del lado izquierdo de la muerte.

¡A ver!

Todas las afueras de un alma son ya ataúdes para los astros que en un segundo de lejanía prefirieron achicharrarse los rostros a revivir la última pulsación del Universo en el arrebato frío de las espadas.

¡Oh, oh!

Porque las arterias de un orbe electrocutado corren sin compostura y las comunicaciones transangélicas sufren la parálisis de los vientos, asómate a los túneles y grita aquella fórmula química que contiene la consunción de un espíritu puro en el calambre repentino de un relámpago.

¡Ah, eres tú, joven demonio de las chispas!

Sermon von den
■ Blitzstrahlen und vom Wetterleuchten ■

Du, der du die Farbe der Himmel verlierst, indem du das Passen einer Schraube prüfst, die Präzision eines Schlüssels oder das exaltierte Weiß, das die Isolatoren in Schwalbennähe annehmen, löse dich auf, löse dich auf für diese eine Nacht im Rauch der Schornsteine, die losgehen, und verhehle, was du gesehen hast über der versteinerten Stille der Welten: Der Mond der großen Industriezentren geht unter für immer in den Hochöfen einer Hüttenwerk-AG.

Die Stadt, die weiß, mit welcher Hast das Blut hindrängt zur Kronendämmerung, neigt sich nach links dem Tode zu.

Klar!

Alle Außenbezirke einer Seele sind schon Särge für die Gestirne, die in einer Sekunde des Entrücktseins lieber ihre Gesichter verschmoren lassen wollten als den letzten Pulsschlag des Universums wiederbeleben im kalten Aufzücken der Schwerter.

Oh, oh!

Da die Hauptverkehrsadern einer durch Stromstoß getöteten Sphäre regellos verlaufen und die transangelikalen Verbindungen unterbrochen sind durch die Lahmlegung der Winde, streck deinen Kopf aus den Tunnels und schrei jene chemische Formel, die das Ende eines reinen Geistes im Starrkrampf durch Blitzschlag enthält.

Ah, du bist es, junger Funkendämon!

Yo ignoraba que los resplandores polares traían la ceguera y que el mundo necesitaba soldadura cuando ha visto los cielos devorados por las concavidades terrestres.

¿Para qué componer lo que ha roto la cólera de los cometas en el instante en que las muchedumbres desamparadas de las fábricas huían por un río de aguarrás hacia las explosiones de los barcos?

Verdaderamente, no me conozco: la electricidad corre por mi esqueleto y la sangre me sabe a cataclismo.

He olvidado mi nombre.

Si no fuera por la supervivencia de esas sombras que regulan los silbidos de las dínamos, podíais decir que mi cuerpo era un anuncio luminoso, parpadeante sobre la noche céntrica de la muerte.

Ich wußte nicht, daß die Polarlichter Blindheit bringen und daß die Welt geschweißt werden muß, nachdem sie gesehen hat, wie die Himmel verschlungen wurden von den Hohlräumen der Erde.

Wozu zusammenflicken, was der Zorn der Kometen zerschlug in dem Augenblick, da die hilflosen Menschenmassen der Fabriken durch einen Terpentinfluß flüchteten, den Schiffsexplosionen entgegen?

Wahrlich, ich kenne mich nicht: die Elektrizität strömt durch mein Gerippe, und mein Blut schmeckt nach erdumwälzender Katastrophe.

Ich habe meinen Namen vergessen.

Wenn es nicht um das Überleben jener Schattengestalten ginge, die das Surren der Dynamos regulieren, könntet ihr sagen, daß mein Körper eine Leuchtreklame war, blinzelnd über der Zentralnacht des Todes.

Se distrajo la luna en esa hora cuando los cielos
más impresionables buscan a los niños
perdidos.
En las huellas de los lobos se oían lágrimas y corazones
recientes.
Un lirio agonizante preguntaba por la inocencia de
las palomas.
La llovizna había olvidado el color de la nieve.

Dame un poco de ese agua que depositan los látigos
dormidos en las orejas de los perros.
Faltan aún quince ayes y doce escalofríos.
Tienes tiempo de explicarme el origen de las llanuras
y la pena de los bosques cuando se acuerdan del
viento.

Escucha.

Mi muerte es necesaria para que los pinos den aire,
para que los cazadores furtivos no sufran la nostalgia de sus
escopetas,
para que los cristales de tu alcoba se deshielen en un lloro
de álamos.

Asesíname.
Hojas de otro hemisferio vendrán algún día
a buscarme.

Ved el cuchillo helado para mondar las naranjas,
el rifle y el puñal para la ira del oso y la fuga
del reno.
Una lata de conservas siempre hace más frío el frío de un
esqueleto.

■ **Entdeckungen im Schnee** ■

Der Mond döste achtlos zu der Stunde, in der die
empfindsameren Himmel nach den verirrten Kindern
suchen.
Auf den Spuren der Wölfe hörte man Tränen und frische
Herzen.
Eine sterbende Lilie fragte nach der Unschuld
der Tauben.
Der Sprühregen hatte die Farbe des Schnees vergessen.

Gib mir ein bißchen von dem Wasser, das die schläfrigen
Peitschen in den Ohren der Hunde deponieren.
Es fehlen noch fünfzehn Achs und zwölf Schauder.
Du hast Zeit genug, mir zu erklären, woher die Ebenen
stammen und warum Kummer die Wälder überkommt,
wenn sie sich an den Wind erinnern.

Höre!

Es bedarf meines Todes, damit die Pinien Kühlung fächeln,
damit die Wilderer nicht das Heimweh ihrer Flinten
erleiden,
damit die Fensterscheiben deines Schlafzimmers auftauen
und weinen wie die Zitterpappeln.

Ermorde mich!
Blätter aus einer anderen Hemisphäre werden eines Tages
mich aufsuchen.

Seht das eisige Messer für das Orangenschälen,
die Büchse und den Dolch für die Wut des Bären und die
Flucht des Rentiers!
Eine Konservendose macht die Kälte eines Skeletts immer
noch kälter.

Abandóname.

Ya sólo falta un ay para que me llore tu patria.

Verlaß mich!

Nun fehlt nur noch ein Ach, daß dein Vaterland mich beweint.

■ El muro ■

Ahora que pensábamos descorrer las
paredes,
abrir las puertas adonde el mar se tumba sin
compromiso,
oír como al otro lado de un pozo
la ultima pisada de un hijo
de familia.
Los que ignoran están lejos.
¿Eres tú quien se mueve?
Ir libres,
ir,
que habíamos quemado la mala pólvora que corría por la
sangre,
cerrar los ojos,
cerrarlos a las cartas que nos llegan después de haber
dormido,
ya tarde,
cayéndose a ese ámbito de letras desunidas que cavan los
segundos,
ahora,
ahora que pensábamos todo esto,
que creíamos lo otro . . .

Quien se mueve,
respira,
no se mueve,
no respira,
se aleja del alcance de una mano en delirio,
que hace falta,
que es muy necesario,
mucha falta que se acerque,
urgente,
que yo me mueva,
respire,
no se mueva,

Jetzt, da wir im Sinn hatten, die Wände beiseite zu
schieben,
die Türen zu öffnen, wo das Meer ungezwungen sich
hinwirft,
zu hören, wie vom anderen Ende eines Brunnenschachts
her, den letzten Schritt eines im Elternhaus
verbliebenen Stammhalters.
Die Ahnungslosen sind weit fort.
Bist du es, der sich bewegt?
Frei dahingehen,
gehen,
nachdem wir den Unmut verpulvert haben, der aufwallte
im Blut,
die Augen schließen,
sie den Briefen schließen, die uns erreichen, nachdem wir
geschlafen haben,
zu spät nun,
hinabfallend in jenen Bereich der zusammenhanglosen
Buchstaben, den die Sekunden ausheben.
Jetzt,
jetzt, da wir dies alles im Sinn hatten,
da wir an das andere glaubten . . .

Wer sich bewegt,
atmet,
sich nicht bewegt,
nicht atmet,
sich entfernt aus der Reichweite einer Hand im Delirium,
die nötig ist,
unbedingt erforderlich,
sich nähern muß,
dringend,
damit ich mich bewege,
atme,
sich nicht bewege,

no respire,
se aleje,
me aleje.

Salen oscuras,
siguen ciegas,
a golpes con la noche y con los campos,
desorientadas por los trenes,
salen por mí a buscarme de una aldea sin gente,
de un pueblo hoy sin recursos,
de una ciudad que apaga a tiros sus faroles.
Van a perderse.
Un niño se extravía por el frío y encuentra el mar en vez de
   una liebre,
un muchacho se escapa de su casa y siempre se tropieza con
   sus paredes,
un hombre baja por tabaco y en la
   segunda esquina le hiela su
   cigarro la muerte.
Tres calles largas salen a buscarme.
No estoy.

nicht atme,
damit sie sich entfernt,
mich entfernt.

Düster rücken sie aus,
folgen blind,
sich herumschlagend mit der Nacht und mit den Feldern,
fehlgeleitet durch die Züge,
rücken sie an, mich zu suchen, aus einem Weiler ohne Leute,
aus einem Dorf, das heute mittellos ist,
aus einer Stadt, die mit Schüssen ihre Laternen löscht.
Sie verlaufen sich.
Ein Kind verirrt sich in der Kälte und findet das Meer statt
    eines Hasen,
ein Junge entwischt seinem Haus und stößt ständig gegen
    seine Wände,
ein Mann geht aus, um sich was zum Rauchen zu kaufen,
    und an der zweiten Straßenecke vereist ihm der Tod
    seine Zigarre.
Drei lange Straßen rücken aus, mich zu suchen.
Ich bin nicht da.

■ Dos niños ■

1 Ya tú nada más esperas la aparición de esos resortes ocultos
que se abren a los delgados pasillos donde la luz se desalienta al presentir la muerte.
¿No se asustará el cielo de lo prematuro de tu viaje?
Te lo pregunta un alma que todavía le importa un poco la tierra.

Esos delgados pasillos que desembocan al invierno de un patio,
¿no congelan el ansia de eternidad que silba por tu sangre?
El tragaluz que se angustia sin vidrio para absorber la pena de una nube,
¿no paraliza en tus párpados el deseo de las horas sin orillas?
Es pronto,
demasiado pronto para que un niño se abandone a las sombras.

2 Bien se ve que la noche le considera un muchacho distinto
del que en el día se ahoga en una gota de agua.
¿Qué sabe la golondrina del insomnio del buho?

Por caridad,
matadle sin que la aurora lo adivine.

Ha dejado su cabeza olvidada entre dos alambres.
Ha gritado su corazón para que los ecos se le volvieran en contra.

■ Zwei Kinder ■

1 Nun hoffst du nur noch auf das Erscheinen jener geheimen Hilfen,
die sich den engen Gängen eröffnen, wo das Licht den Mut verliert, wenn es den Tod ahnt.
Erschreckt es den Himmel nicht, daß so verfrüht deine Reise erfolgt?
Dies fragt dich eine Seele, die ein bißchen noch an der Erde hängt.

Diese engen Gänge, die in den Winter eines Binnenhofes münden
– lassen sie nicht die Begier nach Ewigkeit gefrieren, die pfeifend durch dein Blut geht?
Die Luke, die sich ängstet, ohne Glas, den Kummer einer Wolke einzusaugen
– lähmt sie in deinen Lidern nicht die Sehnsucht nach den uferlosen Stunden?
Früh ist es,
noch zu früh, daß nun ein Kind der Dunkelheit verfällt.

2 Offensichtlich hält die Nacht ihn für einen anderen Jungen,
nicht für den, der bei Tag in einem Wassertropfen ertrinkt.
Was weiß die Schwalbe von der Schlaflosigkeit des Uhus?

Habt Erbarmen,
tötet ihn, ohne daß die Morgenröte es merkt!

Er hat seinen Kopf zwischen zwei Drähten vergessen.
Er hat laut sein Herz gescholten, damit die Echos es verfolgen.

Preguntad por sus manos a las agujas que se pierden en
los lechos.

¿Adónde va ese niño que equivoca las
esquinas?

Fragt die Nadeln, die sich in den Betten verirren, nach
seinen Händen.

Wohin geht dieses Kind, das die Straßenecken
verwechselt?

. . . Aquí, cuando el aire traiciona la rectitud
de los lirios,
es condenado a muerte por un remolino
de agua.
No es sombra de amargura la que adelantan los árboles
hacia el ocaso.
Te informará de esto el guardabosque que costean
los fríos.

Si en tu país una ilusión se pierde a lo largo de los
calores,
en el mío las nieves te ayudarán a
encontrarla.
Si la huella de un zapato no dispone de tiempo para dormir
a una violeta,
aquí entretiene su vida en recoger el ciclo de
las lluvias.
Es triste,
muy triste saber que una mano estampada en el polvo
dura menos que el recorrido que abre una hoja
al morirse.

¿No te apenan esos hilos que desfallecen de pronto contra
tus mejillas
cuando despobladas de nubes se hielan en los estanques?

. . . Hierzuland, wenn hier die Luft sich treulos beträgt
gegen die gradlinige Redlichkeit der Schwertlilien,
wird sie zum Tod verurteilt, zum Tod durch einen
Wasserstrudel.
Es ist kein Schatten der Bitterkeit, den die Bäume gen
Westen schieben.
Darüber wird dir der Waldhüter Auskunft geben,
der im Sold der Kältewellen steht.

Wenn in deinem Land eine Illusion verlorengeht im Lauf
der Hitzewallungen,
so werden dir in dem meinen die Schneefälle helfen, sie zu
finden.
Wenn der Abdruck eines Schuhs nicht die Zeit hat, ein
Veilchen einzuschläfern,
hält er sich hier am Leben, indem er den Zyklus der
Niederschläge sammelt.
Es ist traurig,
tieftraurig, zu wissen, daß eine in den Staub geprägte Hand
nicht mal so lange dauert wie der Flug, den ein Blatt
beginnt, wenn es stirbt.

Schmerzen dich nicht die Fäden, die plötzlich erschlafft auf
deine Wangen sinken,
wenn diese wolkenlos in den Teichen gefrieren?

1. – La pena de los jarros sin agua caídos en el destierro de los objetos difuntos.
2. – La noticia del crimen de la noche, abandonada entre cardos, muelles rotos y latones viejos.
3. – La botella que no se rompió al caer y vive con el gollete clavado en los oasis de las basuras.
4. – La venda rota de una herida, arrastrada por las hormigas de las tres de la tarde.
5. – Esos chorros de agua de carbón que desvelan el sueño boquiabierto de los túneles.
6. – El moscón que se clava de cabeza en la espina de un cardo.
7. – La caja vacía de cerillas junto al excremento de los caballos.

■ Elegien ■

1. – Das Leid der Krüge ohne Wasser, verstoßen in das Exil der abgestorbenen Gegenstände.
2. – Die Zeitungsnotiz vom Verbrechen in der Nacht, liegengelassen zwischen Disteln, kaputten Sprungfedern und alten Messingklinken.
3. – Die Flasche, die nicht zerbrach bei ihrem Sturz und nun, feststeckend mit dem Hals, weiterlebt in der Oase des Unrats.
4. – Die zerfetzte Mullbinde einer Wunde, fortgezerrt von den Ameisen um drei Uhr nachmittags.
5. – Dieses Aufgellen von Kohlenwasser, das wieder und wieder den Maulaffenschlaf der Tunnels unterbricht.
6. – Die Schmeißfliege, die sich kopfüber aufspießt, am Stachel einer Distel.
7. – Die leere Streichholzschachtel neben den Roßäpfeln.

Los cielos alacranados de aquel siglo impedían el
advenimiento de las nuevas palomas.

El rencor
se exaltaba en la cal excrementicia de los más viejos
palomares.

Un alba gritó: ¡la guerra!

El odio y la enajenación de una rosa escupida por
un río en los cauces de las cloacas insepultas, van a
poneros en contacto con las corrientes eléctricas de
aquellos días.

Al cerrarse un pestillo, la noche gritó: ¡muerte!

Y la luna, que hasta entonces los astrónomos
habían calculado yerta, abrió su boca por tres lustros
para vomitar sangre: sobre las espumas verdes de
la envidia, sobre los charcos amarillentos de la ira,
sobre los paredones rojos levantados por la
cólera.

Sangre sobresaltada, amor, de un prejuicio que ya
creíamos difunto.

Yo golpeo fríamente la belleza elemental de la Tierra
consumida por la lava y brindo por la devastación
absoluta de los astros.

Heridme a mí, heridme porque soy el
único hombre capaz de hacer frente a un batallón de
ángeles.

Die skorpionenverseuchten Himmel jenes Jahrhunderts
verhinderten die Ankunft der neuen Tauben.

Der Rachegroll
erhob sich schäumend aus dem Kotkalk der ältesten
Taubenschläge.

Ein Morgendämmern brüllte: Krieg!

Der Haß und die Geistesverwirrung einer Rose, die von
einem Fluß in die Abzugsgräben der unbegrabenen
Kloaken gespien worden ist, werden euch in Kontakt
bringen mit den elektrischen Strömen jener Tage.

Als ein Riegel vorgeschoben wurde, brüllte die Nacht: Tod!

Und der Mond, den die Astronomen bis dahin für starr
gehalten hatten, riß seinen Mund auf, um drei Lustren
lang Blut zu erbrechen: über den grün schäumenden
Neid, über die gelblichen Lachen der Wut, über die
dicken roten Erschießungsmauern, die der Zorn
errichtet hatte.

Aufgeschrecktes Blut, Liebe, aufquellend aus einem
Vorurteil, das wir schon für tot erachteten.

Kaltherzig schlage ich auf die uranfängliche Schönheit der
von der Lava verzehrten Erde ein und stoße an auf die
völlige Verwüstung der Gestirne.

Verwundet mich, mich, verwundet mich, denn ich bin der
einzige Mensch, der fähig ist, einem Bataillon Engel die
Stirn zu bieten.

Pero ya no existen: los carbonicé a todos en un momento de hastío.

Soy inmortal: no tengo quien me hiera.

Y ahora me aburro ante las posturas desesperadas de los muertos que sueñan inútilmente con la resurrección de la carne.

Mas he aquí la paloma 948.

Aber es gibt sie nicht mehr: ich habe sie zu Schlacke
verbrannt in einem Moment des Überdrusses.

Ich bin unsterblich: Ich habe keinen, der mich verwundet.

Und jetzt langweile ich mich angesichts der verzweifelten
Haltungen der Toten, die vergeblich von der
Auferstehung des Fleisches träumen.

Doch hier ist, seht, die Taube 948.

■ Elegía a Garcilaso ■

(Luna 1503–1536)

. . . Antes de tiempo y casi en flor cortada.
G. de la V.

Hubierais visto llorar sangre a las yedras cuando el agua
más triste se pasó toda una noche velando a un yelmo ya
sin alma,
a un yelmo moribundo sobre una rosa nacida en el vaho
que duerme los espejos de los castillos
a esa hora en que los nardos más secos se acuerdan
de su vida
al ver que las violetas difuntas abandonan sus cajas
y los laúdes se ahogan por arrullarse a sí
mismos.
Es verdad que los fosos inventaron el sueño y los
fantasmas.
Yo no sé lo que mira en las almenas esa inmóvil armadura
vacía.

¿Cómo hay luces que decretan tan pronto la agonía de las
espadas
si piensan en que un lirio es vigilado por hojas que duran
mucho más tiempo?
Vivir poco y llorando es el sino de la nieve que equivoca
su ruta

En el sur siempre es cortada casi en flor
el ave fría.

■ Elegie für Garcilaso ■

(Mond 1503–1536)

. . . zu früh, noch kaum erblüht, dahingerafft.
G. de la V.

Den Efeu hättet ihr Blut weinen sehen, als das traurigste
Wasser eine ganze Nacht lang wachend verbrachte bei
einem schon entseelten Helm,
einem sterbenden Helm über einer Rose, aufgesprossen in
dem Dunst, der die Spiegel der Burgen einschläfert
zu der Stunde, da die verdorrtesten Narden sich an ihr
Leben erinnern,
wenn sie sehen, daß die verblichenen Veilchen ihre
Sargtruhen verlassen und die Lauten, um Atem ringend,
sich selbst in Schlummer singen wollen.
Es ist wahr, daß die Festungsgräben den Traum und die
Gespenster erfanden.
Ich weiß nicht, wonach auf den Zinnen diese reglose, leere
Rüstung schaut.

Wieso gibt es Lichter, die eilfertig den Todeskampf der
Schwerter anordnen,
wenn sie daran denken, daß eine Schwertlilie bewacht wird
von Blattklingen, die sich viel länger halten?
Kurz zu leben und weinend, ist das Schicksal des Schnees,
der seine Reiseroute verfehlt.

Im Süden wird der Kältevogel Kiwitt, kaum erblüht,
immer dahingerafft.

Siento que andan las islas,
que la tierra se asombra de sentirme otro hombre tan
distinto al que impuso a sus huéspedes la pena de
matarle día a día.
Las costas que están tristes de no viajar nunca y
nacieron de espaldas al mundo por no verlo
ni oírlo,
acostadas de pena saben que se van lejos,
sienten que me llevan muy lejos sin saber
ni mi nombre
ni el número de veces que fui odiado y querido por los
mismos que a estas horas en hueco tendrán que
recordarme,
que zaherirme,
al encontrar mis huellas en ese insulto dicho
casi sin ganas,
en aquel proyecto nunca llevado a cabo
o en aquella pasión mantenida hasta el límite
donde tan sólo un paso más da una sima de
sangre.
Amigos,
¿no sentís cómo andan las islas?
¿No oís que voy muy lejos?
¿No veis que ya voy a doblar hacia esas corrientes
que se entran lentísimas en la inmovilidad de los
mares sin olas y los cielos
paralizados?
Oigo el llanto del Globo que quisiera seguirme y
gira hasta quedarse mucho más fijo que al
principio,
tan borrado en su eje que hasta los astros menos
rebeldes transitan por su órbita.
¿No oís que oigo su llanto?

Siento que andan las islas.

■ Taub seid ihr ■

Ich spüre, daß die Inseln sich bewegen,
daß die Erde sich wundert, weil ich als anderer Mensch
mich fühle, ganz anders als der, der seinen Gästen die
Qual auferlegte, ihn tagtäglich zu töten.
Die Küsten, traurig und trübe, weil sie noch nie verreisten,
weil sie geboren wurden mit dem Rücken zur Welt, um
nichts zu sehen, nichts zu hören,
träge Kummerkisten, wissen nun, daß sie fortgehn,
spüren, daß sie mich forttragen, weit in die Ferne, ohne
auch nur meinen Namen zu kennen
oder die Anzahl der Fälle, in denen ich gehaßt und geliebt
wurde von denselben, die jetzt, in diesen Hohlstunden,
gewiß mich ermahnen,
mich zur Schnecke machen,
wenn sie auf meine Spuren stoßen in jener fast lustlos
geäußerten Beleidigung,
in jenem nie ausgeführten Plan
oder in jener Leidensgeschichte, durchgehalten bis zu der
Grenze, wo ein einziger weiterer Schritt in eine Schlucht
voller Blut führt.
Freunde,
spürt ihr nicht, wie sich die Inseln bewegen?
Hört ihr nicht, daß ich fortgehe, weit, weit fort?
Seht ihr nicht, daß ich mich hinwende zu diesen
Strömungen, die langsam, ganz langsam aufkommen in
der Unbewegtheit der wellenlosen Meere und der
gelähmten Himmel?
Ich höre das Weinen des Globus, der mir folgen möchte und
sich dreht und dreht, bis er noch starrer steht als zu
Anbeginn,
so zunichte geschrumpft auf seiner Achse, daß selbst die
bravsten Gestirne seine Kreisbahn durchqueren.
Hört ihr nicht, daß ich sein Weinen höre?

Ich spüre, daß die Inseln sich bewegen.

Es incomprensible que todas las ruedas dentadas, colmilludas, que mueven los fríos magnéticos de los aires desesperados, giren tan solo para que una melancolía disculpable se precipite seriamente por los resbaladeros de una noche sin salida.

Allá, ¿quién es ése que me aguarda para invitarme a comer en uno de los mejores restoranes del Paraíso? Allá, donde las lluvias comentan con el descenso de las hojas lo injusto que es a veces el viento para el vilano que pretende ascender hasta la astronomía.

Tampoco saben explicarme el porqué de esas cargas y esos codazos que las luces que yo creí más buenas reservan tan solo para la interrupción del sosiego difícil de un espíritu caído en desgracia.

Lejos, ¿quién es ése que me aguarda para invitarme a pasear por uno de los mejores bulevares del Paraíso? Lejos, donde los cristales más opacos comentan con las aguas más turbias lo injustas que suelen ser las auroras para los ojos vertiginosos del condenado a muerte.

■ Fern, da drüben ■

Es ist unbegreiflich, daß alle Zahnräder, alle Reißzahnräder, die von der magnetischen Kälte der Winde getrieben werden, nur dazu sich drehen, daß eine entschuldbare Melancholie ernstlich hinabsaust auf den Schlitterbahnen einer Nacht ohne Ausweg.

Dort, wer ist der da, der mich erwartet, um mich einzuladen zu einem Mahl in einem der besten Restaurants des Paradieses? Dort, wo die Regenschauer anhand des Blätterfalls erläutern, wie ungerecht manchmal der Wind gegen die Distelflocke ist, die aufsteigen will bis zur Astronomie.

Sie können mir ebensowenig die Ursache dieser Bürden und dieser Ellbogenstöße erklären, welche die Lichter, die ich für gutartiger hielt, nur aufsparen, um die heikle Gelassenheit eines ins Unglück gestürzten Geistes zu stören.

Fern, da drüben, wer ist der, der mich erwartet, um mich einzuladen zu einem Bummel auf einem der besten Boulevards des Paradieses? Fernab, wo die undurchsichtigsten Fensterscheiben anhand der trübsten Wasser erläutern, wie ungerecht die Morgenröten zu sein pflegen gegen die schwindeligen Augen des zum Tode Verurteilten.

Cada vez más caído.
más distante de las superficies castigadas por los pies
de los combatientes
o más lejos de los que apoyándose en voz baja sobre
mis hombros quisieran retenerme como pedazo
vacilante de tierra.
Veo mi sangre a un lado de mi cuerpo,
fuera de él precipitarse como un vértigo frío.
Y esta lengua,
esta garganta constituida ya para ahogar ese poco
de agua que se oye siempre en todos los
adioses,
esta lengua y esta garganta me hacen pesado el
mundo,
huir y enmudecer antes de tiempo.

Allá abajo,
perdido en esa luz que me trata lo mismo que a un
muerto más entre las tumbas,
junto al peligro de los nombres que se pulverizan,
con la lejana tristeza del que no pudo hablar de
sus viajes,
a derecha e izquierda de los demasiado solos
te espero.

Tiefer gefallen von Mal zu Mal,
weiter und weiter entfernt von den Oberflächen, die
zerschunden werden von den Füßen der Kämpfenden,
oder weiter weg von denen, die mit leiser Stimme mich bei
den Schultern nahmen, mich festhalten wollten wie ein
wankendes Stück Erde.
Ich sehe mein Blut seitlich von meinem Körper,
draußen, wie es hinabstürzt als kalter Taumel.
Und diese Zunge,
diese Kehle, die ja dazu da ist, das bißchen Wasser zu
verschlucken, das man immer hört in jedem
Lebwohl,
diese Zunge und diese Kehle machen die Welt mir
schwer,
machen mich fliehen und verstummen vor der Zeit.

Da drunten,
verloren in diesem Licht, das mich genauso behandelt, als
wäre ich ein weiterer Toter inmitten der Gräber,
in gefährlicher Nähe der Namen, die zu Staub zerfallen,
mit der fernen Wehmut dessen, der nicht reden konnte von
seinen Reisen,
links und rechts flankiert von den allzu Einsamen, erwarte
ich dich.

Con los zapatos ■ puestos tengo que morir ■

(Elegía cívica)

Mit den Schuhen ■ an den Füßen muß ich sterben ■

(Staatsbürgerliche Elegie)

Será en ese momento cuando los caballos sin ojos se
desgarren las tibias contra los hierros en punta de
una valla de sillas indignadas junto a los
adoquines de cualquier calle recién absorta en
la locura.
Vuelvo a cagarme por última vez en todos vuestros muertos
en este mismo instante en que las armaduras se desploman
en la casa del rey,
en que los hombres más ilustres se miran a las ingles
sin encontrar en ellas la solución a las desesperadas
órdenes de la sangre.
Antonio se rebela contra la agonía de su padrastro
moribundo.
Tú eres el responsable de que el yodo haga llegar al
cielo el grito de las bocas sin dientes,
de las bocas abiertas por el odio instantáneo de un
revólver o un sable.
Yo sólo contaba con dos encías para
bendecirte,
pero ahora en mi cuerpo han estallado 27 para
vomitar en tu garganta y hacerte más difíciles los
estertores.
¿No hay quien se atreva a arrancarme de un manotazo
las vendas de estas heridas y a saltarme los ojos con
los dedos?
Nadie sería tan buen amigo mío,
nadie sabría que así se escupe a Dios en las nubes
ni que mujeres recién paridas claman en su favor
sobre el vaho descompuesto de las aguas
mientras que alguien disfrazado de luz rocía de
dinamita las mieses y los rebaños.

Geschehen wird es in dem Moment, da die augenlosen
Pferde sich die Schienbeine aufreißen an den
Eisenspitzen einer Palisade aus entrüsteten Stühlen, bei
den Pflastersteinen irgendeiner Straße, die jüngst dem
Wahnsinn verfallen ist.
Zum letzten Mal will ich auf all eure Toten scheißen
im selben Moment, in dem die Rüstungen zusammensacken
im Haus des Königs,
in dem die berühmtesten Männer ihre Leisten betrachten,
ohne in ihnen die Antwort auf die verzweifelten Befehle
des Blutes zu finden.
Antonius empört sich gegen die Agonie seines
dahinsiechenden Stiefvaters.
Du bist verantwortlich dafür, daß das Jod den Schrei der
zahnlosen Münder gen Himmel jagt,
der Münder, aufgerissen durch den jähen Haß eines
Revolvers oder eines Säbels.
Ich verfügte nur über das Zahnfleisch zweier Kiefer, um
dich zu preisen,
doch jetzt ist es siebenundzwanzigfach in meinem Körper
aufgebrochen, um sich zu erbrechen in deinen Schlund
und dir das Verröcheln schwerer zu machen.
Gibt es denn keinen, der es wagt, mit einem Schlag mir die
Binden von diesen Wunden abzureißen und mit den
Fingern mir die Augen aus den Höhlen zu holen?
Niemand wohl ist ein so guter Freund,
niemand weiß, daß man so Gott bespeit in den Wolken
und daß Frauen, die eben geboren haben, flehend für ihn
die Stimme erheben über dem wüsten Dunst der Wasser,
während jemand, der sich als Licht maskiert hat, die
Ährenfelder und die Herden mit Dynamit besprüht.

En ti reconocemos a Arturo.

Ira desde la aguja de los pararrayos hasta las
uñas más rencorosas de las patas traseras de
cualquier piojo agonizante entre las púas de
un peine hallado al atardecer en un
basurero.
Ira secreta en el pico del grajo que desentierra las
pupilas sin mundo de los cadáveres.
Aquella mano se rebela contra la frente tiernísima de
la que le hizo comprender el agrado que siente un
niño al ser circuncidado por su cocinera con un
vidrio roto.
Acércate y sabrás la alegría recóndita que
siente el palo que se parte contra el hueso
que sirve de tapa a tus ideas
difuntas.
Ira hasta en los hilos más miserables de un pañuelo
descuartizado por las ratas.
Hoy sí que nos importa saber a cuántos estamos
hoy.

Creemos que te llamas Aurelio y que tus ojos de asco
los hemos visto derramarse sobre una
muchedumbre de ranas en cualquier plaza
pública.
¿No eres tú acaso ése que esperan las ciudades
empapeladas de saliva y de odio?
Cien mil balcones candentes se arrojan de improviso
sobre los pueblos desordenados.
Ayer no se sabía aún el rencor que las
tejas y las cornisas guardan hacia las
flores,
hacia las cabezas peladas de los curas sifilíticos,

In dir erkennen wir Artus.

Wut, von der Spitze der Blitzableiter bis zu den ingrimmig verkrümmten Krallen der Hinterbeine irgendeiner Laus, verendend zwischen den Zinken eines Kammes, den man in der Abenddämmerung auf einem Müllhaufen gefunden hat.
Geheime Wut im Schnabel der Krähe, welche die weltlosen Pupillen der Kadaver ausgräbt.
Jene Hand empört sich gegen das mildherzige Antlitz derer, die ihm das Wohlgefallen begreiflich machte, das ein Knäblein empfindet, wenn es von seiner Köchin beschnitten wird mit einer Glasscherbe.
Tritt näher, und du wirst die innige Freude erfahren, die der Prügel empfindet, wenn er zerkrachend niedersaust auf den Knochen, der als Deckel deiner abgestorbenen Ideen dient.
Wut, noch in den schäbigsten Fäden eines von den Ratten gevierteilten Taschentuchs.
Heut ist's uns nicht wurscht, heut wollen wir's wissen, den wievielten wir heut haben.

Wir glauben, daß du Aurel heißt und daß wir deine angeekelten Augen gesehen haben, wie sie mit schrägem Blick eine Masse von Fröschen musterten, die sich drängte auf irgendeinem öffentlichen Platz.
Bist nicht du vielleicht der, auf den die mit Speichel und Haß tapezierten Städte warten?
Hunderttausend rotglühende Balkone stürzen sich unversehens auf die zerrütteten Ortschaften.
Gestern wußte man noch nichts von dem Groll, den die Dachziegel und die Kranzgesimse gegen die Blumen hegten,
gegen die geschorenen Köpfe der syphilitischen Pfaffen,

hacia los obreros que desconocen ese lugar donde las pistolas se hastían aguardando la presión repentina de unos dedos.
Oíd el alba de las manos arriba,
el alba de las náuseas y los lechos desbaratados,
de la consunción de la parálisis progresiva del mundo y la arterioesclerosis del cielo.
No creáis que el cólera morbo,
la viruela negra,
el vómito amarillo,
la blenorragia,
las hemorroides,
los orzuelos y la gota serena me preocupan en este amanecer del sol como un inmenso testículo de sangre.
En mí reconoceréis tranquilamente a ese hombre que dispara sin importarle la postura que su adversario herido escoge para la muerte.
Unos cuerpos se derrumban hacia la derecha y otros hacia la izquierda,
pero el mío sabe que el centro es el punto que marca la mitad de la luz y la sombra.
Veré agujerearse mi chaqueta
con alegría.
¿Soy yo ese mismo que hace unos momentos se cagaba en la madre del que parió las tinieblas?
Nadie quiere enterrar a este arcángel sin patria.

Nosotros lloramos en ti esa estrella que a las dos en punto de la tarde tiene que desprenderse sin un grito para que una muchedumbre de tacones haga brotar su sangre en las alamedas futuras.

gegen die Arbeiter, die den Ort nicht kennen, wo die
Pistolen gelangweilt liegen und voll Überdruß den jähen
Druck von Fingern erwarten.
Hört das Morgendämmern der erhobenen Hände,
das Morgendämmern der Übelkeit und der verwüsteten Betten,
des Verlöschens der progressiven Paralyse der Welt und der
Arteriosklerose des Himmels.
Glaubt nicht, daß die grassierende Cholera,
die schwarzen Blattern,
der blutige Auswurf des Gelbfiebers,
der Eiterfluß des Trippers,
die Hämorrhoiden,
die Gerstenkörner und der schwarze Star mich kümmern in
dieser Frühe, wenn die Sonne aufgeht wie ein riesiger
Bluthoden.
In mir werdet ihr mit ruhiger Gewißheit den Mann erkennen,
der feuert und sich keinen Deut darum schert, welche
Haltung sein verwundeter Widersacher wählt für den Tod.
Manche Körper sacken nach rechts und manche nach links
zusammen,
aber der meine weiß, daß die Mitte der Punkt ist, der die
Halbierung von Licht und Schatten markiert.
Mit Freude werde ich sehen, wie meine Jacke durchlöchert
wird.
Bin ich derselbe, der erst vor kurzem fluchend auf die Mutter
dessen geschissen hat, der die Finsternis zur Welt brachte?
Niemand will diesen heimatlosen Erzengel begraben.

Wir beweinen dich, in dem wir den Stern sehen, der am
Nachmittag Punkt zwei herabstürzen muß, ohne einen
Schrei, damit ein Gewimmel von Absätzen sein Blut
hervorquellen läßt in den künftigen Alleen.

Hay muertos conocidos que se orinan en los muertos
desconocidos,
almas desconocidas que violan a las almas
conocidas.
A aquel le entreabren los ojos a la fuerza para que el
ácido úrico le queme las pupilas y vea levantarse su
pasado como una tromba extática de moscas
palúdicas.
Y a todo esto el día se ha parado insensiblemente.

Y la ola primera pasa el espíritu del que me traicionó
valiéndose de una gota de lacre
y la ola segunda pasa la mano del que me asesinó
poniendo como disculpa la cuerda de una
guitarra
y la ola tercera pasa los dientes del que me llamó
hijo de zorra para que al volver la cabeza
una bala perdida le permitiera al aire
entrar y salir por mis
oídos
y la ola cuarta pasa los muslos que me
oprimieron en el instante de los chancros y
las orquitis
y la ola quinta pasa las callosidades más enconadas de
los pies que me pisotearon con el único fin de que
mi lengua perforara hasta las raíces de esas plantas
que se originan en el hígado descompuesto de un
caballo a medio enterrar
y la ola sexta pasa el cuero cabelludo de aquél
que me hizo vomitar el alma
por las axilas
y la ola séptima no pasa nada
y la ola octava no pasa nada
y la ola novena no pasa nada
ni la décima

Es gibt bekannte Tote, die ihr Wasser auf die unbekannten Toten lassen,
unbekannte Seelen, welche die bekannten Seelen vergewaltigen.
Dem dort öffnen sie mit Gewalt die Augen einen Spalt, damit die Harnsäure ihm die Pupillen verbrennt und er seine Vergangenheit aufwirbeln sieht wie eine Windhose aus Sumpfmücken.
Und alledem hat sich der Tag unmerklich entgegengestellt.

Und die erste Woge geht über den Geist desjenigen hin, der mich betrog mit Hilfe von einem Tropfen Siegellack,
und die zweite Woge geht über die Hand desjenigen hin, der mich ermordete und als Entschuldigung die Saite einer Gitarre vorlegte,
und die dritte Woge geht über die Zähne desjenigen hin, der mich einen Hurensohn schimpfte, damit in dem Moment, als ich den Kopf wandte, eine verirrte Kugel es der Luft erlaubte, in mein eines Ohr hinein- und zum anderen hinauszufahren,
und die vierte Woge geht über die Schenkel hin, die mich zusammenpreßten im Augenblick des Schankers und der Orchitis,
und die fünfte Woge geht über die grimmigsten Hornhäute der Füße hin, die mich traten, allein zu dem Zweck, daß meine Zunge sich hinabbohrte bis zu den Wurzeln jener Pflanzen, die in der verwesten Leber eines halbverscharrten Pferdes gedeihen,
und die sechste Woge geht über den Haarboden desjenigen hin, der mich dazu brachte, daß ich meine Seele durch die Achseln ausgespien habe,
und die siebte Woge geht über nichts hin,
und die achte Woge geht über nichts hin,
und die neunte Woge geht über nichts hin,
auch nicht die zehnte,

ni la undécima
ni la duodécima . . .

Pero estos zapatos abandonados en el frío de las charcas son el signo evidente de que el aire aún recibe el cuerpo de los hombres que de pie y sin aviso se doblaron del lado de la muerte.

auch nicht die elfte,
auch nicht die zwölfte . . .

Aber diese Schuhe, alleingelassen in der Kälte der Wasserlachen, sind das offenkundige Zeichen dafür, daß die Luft noch immer die Leiber der Menschen aufnimmt, die stehend und ohne Ankündigung todwärts sich neigten.

»Seine Höllenfahrt bahnt ihm die Himmelfahrt«, behauptete Jean Paul vom Humor und pinselte neben diese katechetisch karge Formel flott eine metaphorische Vignette von blühender, augenkitzelnder Verwegenheit: »Er gleicht dem Vogel Merops, welcher zwar dem Himmel den Schwanz zukehrt, aber doch in dieser Richtung in den Himmel auffliegt. Dieser Gaukler trinkt, auf dem Kopfe tanzend, den Nektar *hinaufwärts.*«

Wer den Bienenfresser (alias Merops) kennt, wird sich eins grinsen über derlei Siebenkäs-Ornithologie. Wer Alberti kennt, bestaunt – erschrocken und beglückt – den ahndevollen Scharfblick der Träumeraugen aus Wunsiedel, die Präzision, mit der eine Formulierung, hingesetzt vor Generationen, in einer ganz anderen Kulturprovinz, blitzhaft überspringend, blitzhaft erhellend, ein poetisches Faktum trifft, die Herzmitte eines soviel jüngeren Dichterwerks, das bis zum heutigen Tag – obwohl nun selbst schon ein halbes Jahrhundert alt – die Leser durch seine »Neuheit« konsterniert.

Erst ein paar Wochen war es her, daß der sechsundzwanzigjährige Andalusier seinen Gedichtband »Über die Engel« veröffentlicht hatte, als er, der sich dort, am Ende eines Dämonenkampfes, in der Figur des einzig überlebenden Engels vom Leser verabschiedet hatte – »verwundet, die Flügel gestutzt« –, sich in gänzlich anderer Gestalt leibhaftig seinem Publikum präsentierte: als Filmclown kostümiert, rezitierte er am 4. Mai 1929 vor dem Madrider Cine Club drei Gedichte auf drei große Komiker der Leinwand: Charlie Chaplin, Harold Lloyd und Buster Keaton. Genauer gesagt, mit den Worten des Augen- und Ohrenzeugen José Bergamín: »er trug sie dramatisch vor, indem er sie darstellte, was viele Leute, die nicht zum Spaß, sondern in allem Ernst Dummköpfe sind, ein bißchen empört hat.«

Zum veritablen Skandal wurde ein ähnlicher Auftritt des jungen Dichters gegen Ende desselben Jahres in einem vornehmen Damenzirkel, dem Lyceum Club Femenino. Drapiert mit einem viel zu großen, schlotternden Gehrock, Ziehharmonikahosen, weitem Stehkragen und einem klitzekleinen Melonenhütchen auf dem Hinterkopf, in der einen Hand den Käfig mit einem lebenden Täubchen, in der anderen eine Schildkröte, trat er dort an, zu einer »offenen Kriegserklärung gegen die Arthritis und die Kinderlähmung«, dargeboten als »Divertimento über die komische Poesie« und beendet – nach dem Auszug entrüsteter Señoras, wegen unehrerbietiger Anspielungen auf diverse nationale Größen (und Ehegatten anwesender Persönlichkeiten) – mit sechs Pistolenschüssen gegen den Plafond, abgefeuert aus der Dichterfaust, unter stürmischem Applaus der im Saal Verbliebenen.

In einem Pressebericht über das Spektakel, der Pro- und Contrastimmen zu Wort kommen ließ, faßt eine der aufgebrachten Damen ihre Verachtung in dem Satz zusammen: »Er gab sich wie ein Charlie in der Stierkampfarena.« Alberti selber bekennt sich in derselben Zeitungsausgabe rückhaltlos zu seiner »mit Absicht und Hinterlist« gebotenen Rolle, erfreut über die Zustimmung derer, »die das Dummkopf-Kinospiel begreifen; denn ich bin, zum Glück, ein Dummkopf, und dummköpfisch war alles, was ich im Lyceum an jenem 10. November tat und sagte.«

Wenn man dem Zeugnis der Pro-Anwältin von damals glauben darf, hatte freilich »fast niemand« den Sinn von Albertis Verkleidung erfaßt, die »perfekte Kino-Imitation«. Und dies, obwohl doch Luis Buñuel schon bei der öffentlichen Ankündigung der Cine-Club-Veranstaltung zu Ehren der großen amerikanischen Filmclowns mit Vehemenz verlautbart hatte: »Die Leute sind so idiotisch, so voller Vorurteile, daß sie glauben, ›Faust‹ und ›Potemkin‹ etc. seien bedeutender als diese Narreteien, die keine Narreteien sind und die ich Die neue Poesie nennen würde. Das filmische Äquivalent zum Surrealismus ist nur in diesen

Streifen zu finden. Viel surrealistischer als die von Man Ray.«

In seiner Jahrzehnte später entstandenen Autobiographie gesteht Alberti, daß er damals nur selten ins Theater ging. »Das Kino war's, was mich entflammte . . . Wir erlebten das Goldene Zeitalter des amerikanischen Burleskfilms.« Kein Zufall also, kein beiläufiger Tribut an die futuristische Mode der Verherrlichung neuer Techniken, daß er in dem »Offenen Brief«, der seinen – ebenfalls 1929 erschienenen – Gedichtband »Cal y canto« beschließt, mit spielerischer Emphase verkündete:

> Ich wurde – Respekt, bitte! – mit dem Kino
> geboren. Unter einem Netz von Kabeln
> und Flugzeugen. Als man die Königskutschen
> abschaffte und der Papst ins Auto stieg . . .

»Noch heute«, bekennt er in seiner Vita, sich an den »Goldrausch« des »genialen Chaplin« erinnernd, »hege ich in meinem Herzen eine Blume zärtlicher Verehrung für die großen, anbetungswürdigen Dummköpfe: Buster Keaton, Harold Lloyd, Harry Langdon und für die kleineren: Stan Laurel, Oliver Hardy, Luisa Fazenda, Larry Semon, Bebe Daniels, Charles Bowers etc., für all die Helden meines damals entstehenden Buches, mit dem aus einem Schauspiel Calderóns entnommenen Titel ›Ich war ein Dummkopf, und was ich gesehen habe, hat mich zu zwei Dummköpfen gemacht‹.«

Allein die Nennung dieses Titels (der schon im Juli 1929, beim Erstdruck dreier Dummkopf-Gedichte in »La Gaceta Literaria«, auftaucht, samt der Ankündigung eines demnächst erscheinenden, so betitelten Buches) läßt die allfällige Erwartung zerstieben, der Poet habe seine »zärtliche Verehrung« in Huldigungsverse ergossen, in Strophen der Rühmung, in einen Lobpreis der Mimen und ihrer Kunst.

Was da nun wirklich sich ankündigte, in Worten Gestalt annahm – die Leser der Madrider Filmklub-Mitteilungen vom 15. Mai 1929 konnten es gewiß nicht erahnen; denn dem Chronisten, der über den Dummkopf-Auftritt Albertis vom 4. Mai berichten sollte, hatte es ganz offensichtlich die Sprache verschlagen. Die Bewunderung, die er stammelte, klingt ungemein diffus. Sie galt »erstens, einer reichen poetischen Sensibilität, und zweitens, einer wunderbaren Befähigung zur eigenen Darbietung, deren Kennzeichnung die Erfindung eines Adjektivs erfordert«.

Über solche Bedürftigkeit ist auch der literarwissenschaftliche Umgang mit jenen Gedichten in der Zwischenzeit nur sehr zögernd hinausgekommen. Ergiebiger als die Kreation eines neuen Eigenschaftswortes ist vielleicht der Versuch, zunächst einmal durch den Vergleich mit anderen Gedichten von ähnlicher Thematik, ähnlicher Motivation sich der Eigenart von Albertis lyrischer Technik zu vergewissern. Hierfür bieten sich uns die Verse von zwei anderen Verehrern des berühmtesten aller Stummfilmkomiker an: »Chaplinesque« von Hart Crane und »Die Chaplinade« von Yvan Goll.

Das Poem des Amerikaners trägt die Widmung: »Für Charles Chaplin im Gedenken an ›The Kid‹ . . . 20. Januar 1928«. Es lautet in der Übertragung von G. Danehl und H. J. von Koskull:

Wir suchen uns bescheiden zu begnügen
Und sind zufrieden mit so leichtem Trost,
Wie ihn der Wind uns trägt
In ungeflickte und zu weite Taschen.

Wir lieben noch die Welt,
Und eine kleine Katze, die hungrig
An der Schwelle Zuflucht sucht,
Bringt Freude uns ins Herz,

Wenn sie sich wärmt in unserm Arm,
Mag auch der Rock zerrissen sein . . .

Wir sollen abseits stehen und entsagend lächeln,
Und über Unvermeidliches hinweg,
Das uns des Schicksals Finger in die Seele deutet,
In spielerischer Laune, unschuldig seinen stumpfen
Blick
Ertragen – bis zum letzten Staunen.

Wir lügen nicht, wenn wir uns so ergehen –
Nicht mehr als eine Pirouette dieses flinken Stöckchens.
Die letzten Riten sind – vielleicht – bedeutungslos.
Vielleicht entgehn wir ihnen – und allem anderen –
Nur unserem eignen Herzen nicht.
Und ist Unsterblichkeit des Herzens unsre Schuld?

Das Spiel erfordert Lächeln; – und wir
Erlebten, wie das Mondlicht spielte
In dunklen Gassen, und dort zauberte,
Und einer leeren Abfalltonne entharfte es
Ein mystisches, erhabenes Gelächter. –
Doch durch die laute Freude und die stille Suche
hindurch
Vernehmen wir das Klagen eines Kätzchens in der
Wildnis.

Ganz anders (und rund elfmal so lang) Golls »Filmdichtung« (dies der Untertitel), ein lyrisches Szenario aus dem Jahr 1920. Der Anfang: »Chaplin beginnt, auf einem der tausend Plakate, die die Stadt schmücken, lebendig zu werden. Er sieht staunend die Passanten an, lächelt, steigt vorsichtig von seinem Postament herab, auf dem er als Herzkönig abgebildet war, und legt ernst Krone, Zepter, Reichsapfel auf einem Mülleimer nieder.« Sein Beweggrund: »Die Könige und ich sind nun genug Plakat gewesen: / Ob's regnet oder sonnt, immer zu lächeln, / Zu grinsen in den ewigen Augenblick! / Ich will ich sein, / Weinen können, wenn ich leide, / Mein Haar im Sommer schneiden lassen – / Und nichts mehr wissen von der Polizei.« – Und das Ende? Chaplins Befund: »Nun bin ich ärmer als am ersten Tag! / Mein Schicksal fließt wie Regen an mir nieder, / Mein Herz ist starr wie eine tote Uhr: / Und das ist Chaplin! / Einsamer als alle! / Europa lacht, New-York und alle Dörfer lachen / Und glauben mir mein tiefes Leid nicht, / Und eine noch, die kleine Mutter hinter der Gardine, / Die mehr als zwanzig Jahre / Auf einen Brief von Charlie wartete: / Die einzige, die nie ins Kino ging, / Säh sie mich schluchzen, / Sie lachte auch! ((Die Plakate sind seit längerer Zeit wie in der Anfangsszene herbeigeschlichen. Grüßen Chaplin tief. Der Plakatkleber ergreift ihn und klebt ihn wieder an die Litfaßsäule.)«

Es ist hier weder möglich noch nötig, all die Abenteuer nachzuzeichnen, die der »arme Chaplin« in der Zwischenzeit erlebt; all die Gefühle und Gedanken des als Narr umherirrenden »Dichters«, der glaubt: »Sehnsucht zum Menschlichen schon macht uns größer.« Es sind eh nur Variationen über das gleich zu Beginn angestimmte Thema: »Tragik des Narren, der die Dummheit mimt, / Des Akrobaten, der für Lächeln stirbt: / Sie sind die einsamsten der Welt! / Und wehe ihnen, wenn man sie erkennt! / Dem Einsamen verzeiht die Menge nicht / Ihr Einsamsein!«

Als Exempel seien nur zwei Passagen aus der ersten Hälfte der vierten Szene vorgeführt:

»(Chaplin wandert über die Wüste. Das Reh zerrt er an einem Seil hinter sich her. Er setzt sich auf einen Sandhügel, nachdem er zuvor sein Taschentuch ausgebreitet und nach Art der Beduinen den Boden geküßt hat.)

Wer aus Leid den Kopf an die Wand schlägt, der
versteht mich.

Wer irrsinnig am Untergrundbahnhof auf die unmögliche Geliebte wartet, tagelang, weiß meinen Schmerz.
Wen das Hotelbett ekelt, wer in Familienzimmern erstickt,
Ihr alle kommt an mein prophetisch Herz
Und weint mit mir drei Quellen in die Wüste:
Das ist die Güte, die man üben kann!
(Er grüßt abwesend mit dem Hütchen)
Wieviele selbstmörderische Handlungen beging ich!
Millionen lachen heute Abend über meine Dummheit.
Nun aber darf ich endlich trauern!
Charlot von Assisi!
Du weißt vom Leid, du scheues Reh, wie ich!
Anmutiges Geschöpf, das immer Hunger hat!
(gähnend)
Wie schön ist's hier und still (gähnend) zu Gottes Füßen!
. . . .
Im Mittelpunkt der Erde rauscht
Tumult der Lüge, Telephon der Dummheit, Wahnsinn der Radiogramme.
Wie arm ist der Mensch! Hinschmelzen alle Literaturen
Vor dieser goldnen Vokabel: Schmerz!
Von Zahlen sprüht der Springbrunn der Gehirne
Und leere Blasen sinken vom Sternenhimmel,
Zerplatzend in Kanalgewässern.
Friedhöfe lasten mit schweren Steinen auf aller Erinnerung:
Wir lieben alle immer falsch.
Denn einzig wahr ist die Sehnsucht
Nach der unendlichen Illusion!
Die Wahrheit aber macht uns gähnen!

(Plötzlich Film: Hafenplatz in Marseille. Tolles Menschengewirr. Trams. Schwere Lastwagen. Menschen aller Rassen. Geschrei. Ein Ausrufer schreit Chaplin ins Ohr:)
Sozialistisches Morgenblatt: Das rote Herz!
(Chaplin grüßt den Ausrufer ernst und tief mit seinem Hütchen. Darüber ist jener sehr aufgebracht . . .)«

Genug. Erinnern wir uns an das erste der Tonto-Gedichte von Alberti, an »Charlies trauriges Stelldichein«:

Meine Krawatte, meine Handschuhe.
Meine Handschuhe, meine Krawatte . . .

Konsistenz wird spürbar. Kargheit. Kraft der Kontur:

. . .
Am Himmel brennt die Stadt,
ein Anzug wie der meine langweilt sich auf dem Land . . .

Objektivierung des Gefühls:

Es schneit nämlich, es schneit,
und mein Körper, er wird zur Blockhütte.

Intensität, bewirkt von der Spröde einer aufs äußerste verknappten Sprache:

Der Stock ist mir abhanden gekommen.
Tieftraurig der Gedanke, wie allein er nun auf der Welt ist.
Mein Stock!

Steigerung durch Wiederholung der Stakkato-Aufzählung vom Anfang, mit variiertem Inventar:

Mein Hut, meine Manschetten,
meine Handschuhe, meine Stiefel.

Und plötzlich erinnert man sich an ein Gedicht, das ganz und gar nicht hierher zu gehören scheint: »Inventur« von Günter Eich:

Dies ist meine Mütze,
dies mein Mantel,
hier mein Rasierzeug . . .

Wie bitte? Das große Schulbeispiel unserer Kahlschlag-Literatur aus der »Stunde Null«, das nachgerade schon klassische Muster poetischer Desillusionierung, nüchternster, notgedrungener Bestandsaufnahme, geschrieben von einem Kriegsgefangenen – bezichtigt der Verwandtschaft mit den Narrenversen eines doch offensichtlich jux- und skandalfreudigen Jungandalusiers von anno 29?

Die Zumutung ist kein Willkürakt. Auch keine Verdächtigung. Die Vermutung eines Plagiats, einer Nachahmung oder auch nur einer genealogischen Abhängigkeit wäre absurd. Eich hatte Sinologie studiert, nicht Hispanistik; und Alberti war bei Kriegsende noch keinem Deutschen bekannt, der nicht selber des Spanischen mächtig war.

Nein, die verblüffende Ähnlichkeit der Diktion hat eine andere Ursache. Sie ist bedingt durch die Gemeinsamkeiten der Situation, aus der die Ichs der beiden Gedichte sprechen. Daß sie im einen Fall Fiktion ist, im anderen aber brutale Realität war, ist für das poetische Resultat – so scheint es – irrelevant. Oder ist es nicht doch eben dieser Unterschied, was hier ein »ernstes«, dort ein »komisches« Gedicht entstehen ließ? Aber die Komik Albertis – ist sie »unernst«? Und streift es nicht schrill das Groteske, wenn in einem anderen Gedicht, das Eich in der Zeit seiner Gefangenschaft schrieb, Hölderlin sich auf Urin reimt?

Chaplin selbst spricht in seinen Memoiren von der paradoxen Erfahrung, »daß das Tragische oft das Lächerliche hervorbringt, weil das Lächerliche, wie ich glaube, eine Haltung des Trotzes ist: Entweder müssen wir angesichts unserer Hilflosigkeit den Naturkräften ins Gesicht lachen – oder verrückt werden.« Und er fährt fort: »Ich las ein Buch über die Donner-Expedition, die sich auf dem Wege nach Kalifornien verirrte und in den Bergen der Sierra Nevada eingeschneit wurde. Nur achtzehn von hundertsechzig Pionieren überlebten. Die meisten starben an Hunger und Kälte. Einige verfielen in Kannibalismus und aßen ihre

Toten auf, andere brieten ihre Stiefel, um den Hunger zu stillen. Aus dieser quälenden Tragödie machte ich eine der komischsten Szenen im ganzen Film. Von furchtbarem Hunger überwältigt, koche ich meinen Schuh und esse ihn, indem ich die Nägel herausziehe, als wären es die Knöchelchen eines delikaten Kapauns, und anschließend verzehre ich die Schuhbänder wie Spaghetti . . .«

Diese Auskunft Chaplins ist nicht nur ein schöner, triftiger Beleg für die eingangs zitierte Behauptung Jean Pauls, daß die Höllenfahrt dem Humor seine Himmelfahrt bahne. Sie ist die richtige Folie für die Betrachtung der Dummkopf-Verse Albertis. Denn der Film, von dessen Entstehung Chaplin hier erzählt, ist – wie der Leser wohl längst erkannt hat – derselbe, der sozusagen die Vorlage für die »Cita triste de Charlot« war, für das – auch entstehungsgeschichtlich – erste Stück der Tonto-Kollektion. Und wo wäre man der Möglichkeit, Motivation und Intention eines Kunstwerks zu erfassen, näher als bei dessen Ausgangspunkt, dem Ort, dem Moment seines Urentwurfs, der ersten Zündung – die für Alberti, wie er selber bekannt hat, stets identisch ist mit dem Augenblick des Titelfunds, des glückhaften Blitzes, in dessen Licht Stoff und Stilwille plötzlich eins sind.

»Ich war ein Dummkopf, und was ich gesehen habe, hat mich zu zwei Dummköpfen gemacht«: das ist – wie der Dichter sofort zu erkennen gibt – ein Calderón-Zitat. Es entstammt dem Ersten Teil des Doppel-Schauspiels »Die Tochter der Luft« und bildet dort die komische Schlußpointe des Ersten Aktes, der wild bewegten Exposition. Gesprochen wird der Satz von einem tölpischen Bauern namens Chato (Plattnase), der damit die Wirkung ungeheuerlicher Begebenheiten auf seine Person drastisch zum Ausdruck bringt – in einem plastischen Sprachbild der Gespaltenheit, grotesk und bestürzend zugleich, sachlich wie die Wahrnehmung in der Schrecksekunde. Und zur

Schreckensstarre hat er einigen Grund: nicht nur, daß das Triumphgewoge des heimwärts flutenden eigenen Siegerheeres als kalter Guß in seinen Hausfrieden schwappt und die Eheliebste zur willigen Beute eines unerbetenen Gasthelden macht – er muß es auch noch erleben, wie der nach verlorener Schlacht hilflos umherirrende Fürst der Feinde zum Entdecker jenes Geheimnisses wird, das einen weiten Bereich des heimatlichen Waldes zum ängstlich gemiedenen Sperrbezirk verwandelt hatte. Mitleid läßt den hochherzigen, ahnungslosen Fremdling zum Befreier der Semiramis werden, die seit ihrer Geburt als Gefangene in einer Höhle leben mußte, weil Teiresias, der priesterliche Seher, durch grausam-gütige Vorsicht das Unheil aufhalten zu können glaubte, das – laut Orakelspruch – dieses Mädchen über die Welt bringen würde. Teiresias stürzt sich, jäh aller Hoffnung beraubt, in den See, und Chato soll zum Wegweiser der Befreiten und ihres unschuldig frevelnden Retters werden. Seiner zitierten Selbstbeurteilung läßt er das zage Sätzchen folgen: »ich weiß nicht, ob ich den Weg finden werde . . .«

Was diesen Menschen, der sich selbst als zwiefachen »Dummkopf« erlebt und benennt, vor allem charakterisiert, ist die nüchterne Distanziertheit gegenüber dem eigenen Unglück, das dialogische Verhältnis, das er zu ihm und sich selbst unterhält. Als sein Weib sich mit dem Soldaten in die Kammer verzieht, bespricht er den Fall mit seiner eigenen Ehre: »Jetzt sind wir allein, Ehre. Was sollen wir tun? Was weiß ich! . . .«

Erinnert das nicht an die Tonart, in der die »Dummköpfe« von Alberti sich mit den Requisiten ihrer Einsamkeit, den Partikeln ihrer eigenen Erscheinung, ihren einzelnen Bekleidungsutensilien in Beziehung setzen? Und wie meilenfern ist diesen »Dummköpfen« die feinsinnige Redseligkeit des Gollschen Chaplin, der ungeniert einem Kalb ins Ohr sagt: »O Kälbchen zart im kosmischen Klee, / Wie trauert dein mystisch Auge! / Du weißt soviel wie ich vom Leid der Welt!« Aber kaum minder fern ist ihnen die Munterkeit des unverwüstlich kecken Habenichts, genannt »Der Dummkopf Rafael«, in dem drei Jahre zuvor entstandenen »Burlesken Selbstporträt« Albertis. Verwandtschaftliche Nähe verrät hingegen »Der dumme Engel« aus »Sobre los ángeles«, der »seine Hand zum toten Vogel macht«.

»Der seine Hand zum toten Vogel macht« – ist diese Abbreviatur einer menschlichen Figur von anrührend unschuldiger, komischer Ohnmacht nicht ein visuelles Gleichnis für die Reduktion menschlicher Rede auf ein Slapstick-Idiom, wie sie Alberti praktiziert, wenn er Bilder der Leinwand-Pantomimen aus ihrer Stummheit in die Sprache eines beengten Ichs überträgt, in das einsame Agieren einer Zunge, die vor der Übermacht der sie umgebenden Unbegreiflichkeit in ein Stammeln verfällt?

Die Kraft, die hier in der Schwachheit mächtig wird, ist wohl nicht zu verstehen ohne einen Blick auf das Fundamentalgesetz des Humoristen, das biblisch lautet: »Wer sich selbst erniedrigt, der wird erhöht werden.«

Ja wie nun? Demut oder Trotz? Beides, mit Verlaub. ». . . das Heilige festzuhalten, indem es dem Scherze preisgegeben wird«, heißt die paradoxe Regel des Humors, formuliert von Friedrich Theodor Vischer, der verdeutlichend fortfährt: »Dies erprobt nun der Humor durch nichts mehr als durch die jedem humoristischen Genius zu Gebote stehende Kraft der Selbstparodie, durch jene liebenswürdige Demut der Selbstverlachung, vermöge deren der Humorist sich selbst, den er doch gewiß nicht selbst wegwerfen will, am wenigsten schont und sich in demselben Momente als erhaben und klein, als stark und schwach, als Weisen und Toren darstellt.« Kant erklärt übrigens aus eben solcher »plötzlichen Versetzung des Gemüts bald in den einen, bald in den anderen Standpunkt« das staunenswerte menschliche Gattungsprivileg des Lachens. Wenn man nämlich annehme, »daß mit allen unsern Gedanken zugleich irgendeine Bewegung in den Organen des Körpers harmonisch verbunden sei«, entstehe bei einem derartigen Hin und Her des Gemüts möglicherweise »eine wechselseitige Anspannung und Loslassung der elastischen Teile unserer Eingeweide, die sich dem Zwerchfell mitteilt ... (gleich derjenigen, welche kitzliche Leute fühlen): wobei die Lunge die Luft mit schnell einander folgenden Absätzen ausstößt und so eine der Gesundheit zuträgliche Bewegung bewirkt ...«

Ob Kant die Plötzlichkeit der Gemütsversetzung, wie sie Alberti praktiziert, noch als zuträglich empfunden hätte, lassen wir dahingestellt. Gönnen wir uns lieber selbst das Vergnügen, dem Wirkungsgeheimnis der »Tontos« auf die Spur zu kommen, indem wir das Charlie-Gedicht ein wenig genauer betrachten, seine thematischen Komponenten, die stilistischen Mittel und die Strukturierung des Ganzen durch eine zunächst als totale Willkür, als bare Ungereimtheit erscheinende Folge von Kontrastelementen.

Durch ihre Wiederholung springen sogleich zwei Motive ins Auge: die Sorge um die Komplettheit der eigenen Kleidung, ausgedrückt durch die Aufzählung ihrer einzelnen Bestandteile (»Meine Krawatte, meine Handschuhe ...«), und die schmerzende Gegenwärtigkeit der Uhr mit ihrer insistenten Bezifferung verrinnender Zeit. Beides zusammen suggeriert die Vorstellung einsamen Wartens, ohne daß dieses auch nur ein einziges Mal benannt wird. Daß Liebe erwartet wird, verrät – nach der nichtssagenden Höflichkeitsfloskel »mein Fräulein« – erst gegen Ende eine ins Leere gerichtete Anrede: »Der Knochen, der am meisten wehtut, meine Liebe, ist die Uhr ...« Die Verlassenheit des Stunde um Stunde Wartenden wird besonders fühlbar in dem Kummer wegen des vermißten Stocks. Die Gutherzigkeit des Wartenden erweist sich darin, daß er eingedenk dieses Verlusts nicht sich selbst bemitleidet, sondern die Verlorenheit des Stokkes: »Tieftraurig der Gedanke, wie allein er nun auf der Welt ist.«

Liest man das Gedicht noch einmal, wird klar, daß das Thema der Zeit, das zunächst durch die Zahlen der Uhrzeit sich aufdrängte, das Ganze durchzieht; denn die quälende Zeitempfindung artikuliert sich auch in den Wörtern »Tod«, »Passant«, »verspätete Taxis«, »langweilt«, »zu spät«. Das Mißverhältnis zwischen mechanisch gemessenem Zeitvergehen und dem Selbstgefühl der Person wird vollends offenbar im eklatanten »Unsinn« der beiden widersprüchlichen Altersangaben: »Mein Alter, werte Herren, 900 000 Jahre.« – »Mein Alter, jetzt auf einmal, 25.« (Und wieder denke ich an Günter Eich, der 1956 in Vézelay sagte: »Nach meiner Vermutung liegt das Unbehagen an der Wirklichkeit in dem, was man Zeit nennt. Daß der Augenblick, wo ich dies sage, sogleich der Vergangenheit angehört, finde ich absurd. Ich bin nicht fähig, die Wirklichkeit so, wie sie sich uns präsentiert, als Wirklichkeit hinzunehmen.«) Als Versuche, das Unvereinbare zu vereinen, den Konflikt zu lösen, geben sich die diversen Anrufungen in die Richtung imaginärer Partner zu erkennen, die Besänftigung: »Du, Mond, erschrick nicht«, und die ermunternden Aufforderungen, Einladungen: »Spielen wir Katz und Maus, mein Fräulein!« – »Ich lade dich ein, Wind, ruh dich hier aus.« – ». . . wir können tanzen, du verlorener Baum.«

Das einer nichtmenschlichen Kreatur angetragene »Walzerchen für die Wölfe« ist ein Beschwörungsakt, ein letztes Aufgebot träumerischer Magie zu dem Zweck, das Abwesende zur Gegenwart zu machen, die geradlinige Zahlreihenflucht zur Umkehr, zum Ringelreihen zu verführen und im Tanz, in der nicht mehr starr linearen, sondern atmend bewegten, im Kreis sich drehenden Zeit die Einsamkeit aufzuheben, in der Illusion des erfüllten, wahrhaft lebendigen, unermeßlichen Augenblicks.

Wem kommt da nicht der berühmte Brötchentanz in den Sinn, jenes lachhafte, herzergreifende, winzig-große Traumspiel, das der einsam wartende Charlie sich selbst auf der Tischplatte inszeniert?

Wir erkennen die ganze Szene aus »Goldrausch« wieder: die brennende, immer kleiner flackernde, wieder aufzukende und langsam ersterbende Glückserwartung des immer korrekten, linkisch um Eleganz bemühten Lumpenmannes in der vom Schnee umwirbelten Goldwäscher-Blockhütte.

Die Enttäuschung, mit der das von Georgia verheißene, für die Neujahrsnacht vereinbarte Rendezvous endet, wird in der dichterischen Wiedergabe jener Szene schon durch den Titel vorweggenommen: »Charlies trauriges Stelldichein«. Am Ende dann, »Punkt drei«, erfolgt als Bestätigung die Meldung vom Tod der Hoffnung, in einem Satz, der dieses Ereignis verfremdet, phantastisch objektiviert, als wäre es draußen geschehen, irgendwo außerhalb des Ichs, in einer fremden Wirklichkeit: »In der Apotheke löst sich ein nackter Leichnam in Luft auf.« Damit hat sich zugleich erfüllt, was eine Zeile in der Mitte des Gedichts dunkel angekündigt hat: »Punkt drei wird ein Passant das Zeitliche segnen.«

Der Passant, das Vorübergehende, ist also nicht nur die unaufhaltsam mit Uhrwerk-Hackeschrittchen sich entfernende Zeit, sondern zugleich das ihr widerstreitende menschliche Gefühl?

Die Frage nach dem Sinn der Worte ist – wie sich hier zeigt – nicht zu isolieren von der Frage nach Beschaffenheit und Funktion der zur Herstellung des Gedichts verwendeten sprachkünstlerischen Mittel. Die poetische Technik Albertis verdeutlicht sich uns vielleicht, wenn wir das zitierte Finale mit einem Satz der vorletzten Strophe vergleichen, in dem eine Umkehrung des eben beobachteten Verfahrens zu gewahren ist: »Der Knochen, der am meisten wehtut, meine Liebe, ist die Uhr.« Hier wird nichts verfremdend ferngerückt; im Gegenteil: auf befremdliche Weise wird hier etwas einverleibt: ein Gebrauchsgegenstand wird als innerer Bestandteil der Person präsentiert: die Uhr als Knochen. Und daß dieser »wehtut«, läßt spüren, daß Uhr und Sensorium des Ichs unheilvoll miteinander verbunden, verwachsen sind. Der schmerzende Störfaktor Zeit kann folglich nicht einfach als etwas nicht zum Menschen Gehöriges abgelegt und beiseitegeschoben werden.

Auch wenn die Richtung der Verfremdung konträr ist – gemeinsam ist beiden Sätzen die Methode der bildhaften Verdinglichung von Gefühlen. Ein Blick zurück läßt uns erkennen: es ist ein durchgehaltenes Prinzip. Nicht als Angst des Individuums wird das Todesthema eingeführt; es geschieht vielmehr durch die Feststellung: »Der Schmetterling weiß nichts vom Tod der Schneider, / von dem Ruin des Meeres durch die Schaufenster.« (Daß ausgerechnet die Sterblichkeit der Schneider benannt wird, ist ein gedanklicher Reflex, ausgelöst durch Charlies eigene, ängstlich-sorgsame Beschäftigung mit Produkten der – aussterbenden? – Schneiderkunst, den Bestandteilen seiner Kleidung – was nicht nur diese Besorgheit einerseits grotesk erscheinen läßt, andererseits doppelt verständlich macht, sondern auch den Gegensatz von Natur und Zivilisation statuiert, dessen Verderblichkeit der »Ruin des Meeres durch die Schaufenster« signalisiert, die Zerstörung von Größe und Schönheit der Schöpfung durch den Kommerz.)

Die mit dem Auftauchen des Schmetterlings wachgerufene Sehnsucht nach einer ganz anderen Welt, nach einem Leben in Unbekümmertheit unterm Licht paradiesischer Frühe, gibt sich kund als kleines Sammelsurium verrückter Kindheitserinnerungen, als übermütig dargebotene Musterkollektion aus ferner, ferner, selbsterlebter Zeit, in der es noch für keine Kreatur die Nötigung durch festgelegte Verhaltensregeln gab: »Ich war ein kleines Kind, als die Fische nicht schwammen, / die Gänse keine Messe lasen / und die Schnecke die Katze nicht auf die Hörner nahm.« (Mit der Behauptung, er sei 900 000 Jahre alt, hat Charlie seinen Wunsch, als der ursprüngliche Mensch gesehen und anerkannt zu werden, als adamitisches Wesen, das so alt ist wie die Spezies Homo überhaupt, auf den denkbar schlichtesten Nenner gebracht.)

Solchem Freiheitsverlangen antwortet jedoch die Erfahrung der Beengung, der notbedingten Abschirmung, Einigelung: ». . . mein Körper, er wird zur Blockhütte«. Denn Unwirtliches dringt an: »Es schneit nämlich, es schneit.« Das Bild der Kälte ist der Konterpart zu dem des Feuers: »Am Himmel brennt die Stadt.« Und die Öde, die der Vereinsamte empfindet – ausgedrückt in der altruistischen Mutmaßung: »ein Anzug wie der meine langweilt sich auf dem Land« –, ist das eisig bescherte Gegenteil jenes feurigen, lustvoll-gefährlichen Spielchens, nach dem ihm zumute war, als er seine Erinnerungen an das lustige Kindheits-Eden keck mit der Aufforderung abschloß: »Spielen wir Katz und Maus, mein Fräulein!«

Einiges an thematischer Spannung ist hier auf engstem Raum versammelt. Was diese kurze Sequenz knapp geschnittener, kontrastierender Sätze erst zum Gedicht macht, zu einem einzigartigen Kunstwerk lyrischer Tragikomik, ist jedoch die vollkommene Entsprechung von emotionaler und syntaktischer Kontrapunktik im Monolog, die originell-exakt verwirklichte Kongruenz des grotesken Widerstreits der Motive mit dem Widerspiel bildnerischer Elemente und Formen, in denen jener sich sprachlich realisiert. Vor allem in dem stetigen, rapiden Wechsel von fragmentierten und geschlossenen Sätzen wird das närrisch irritierende Doppelwesen manifest, das schon im Titel emblematisch zum Vorschein kommt.

Wahrhaftig: da spricht ein doppelköpfiges Ich, dessen zwei Münder einander unentwegt ins Wort fallen. Das eine

Gesicht: die angestrengt das Jetzt konstatierende – und dessen Entschwinden ängstlich verfolgende – Sorgenmiene des Underdogs als Gentleman. Das andere Gesicht: ein großäugig in die Weite des eigenen Inneren staunendes, meditativ entschweifendes, leidlachendes Kindesantlitz von unvordenklichem Alter. Hastige Exklamationen und ruhig resümierende Überlegungen durchkreuzen und vermischen sich in diesem Zwitter-Monolog zum reißenden Gewässer, dessen Dynamik ein stehender, blitzdurchzuckter Spiegel ist, das bannende Abbild einer verdoppelten und doch einzigen Wirklichkeit, die mit sich selber entzweit ist.

Als unheimliches Widerfahrnis, aber auch als herbeigespielter Wunschzustand begegnet uns das Erlebnis solcher Selbstentzweiung in den Geschichten, die Lewis Carroll von »Alice im Wunderland« erzählt (derselben Alice, die Harold Lloyd bei Alberti zur Traumgefährtin seiner Studienmühsal macht). In Carrolls erstem Kapitel heißt es von ihr: ». . . sie war ein merkwürdiges Kind und liebte es über alles, so zu tun, als wäre sie zwei.« Belustigt und entsetzt zugleich, erlebt jedoch die Kleine schon im zweiten Kapitel an sich selbst ein ungeheuerliches Wachstum: »›Jetzt schiebe ich mich auseinander wie das längste Fernrohr, das es jemals gegeben hat. Lebt wohl, Füße!‹ (denn als sie nach unten sah, waren ihre Füße schon kaum mehr in Sicht, so weit versanken sie in der Tiefe.)« Die Distanz, die sich unversehens zwischen ihr und ihr auftut, drängt sie dazu, das andere Ich, das sie nicht mehr zu fassen bekommt, zum Gesprächspartner zu machen und wenigstens durch Worte eine Verbindung zwischen der gegenseitigen Ohnmacht zu halten: »›Ihr armen kleinen Füße, wer wird euch jetzt wohl Schuhe und Strümpfe anziehen? *Ich* jedenfalls kann das bestimmt nicht mehr! Ich bin bald viel zu weit fort, als daß ich mich um euch noch kümmern könnte; ihr müßt eben sehen, wie ihr allein zurechtkommt – aber ich muß sie freundlich behandeln‹, dachte Alice, ›sonst gehen sie vielleicht nicht mehr dahin, wohin ich will! Ich habs schon: sie sollen von mir jedes Jahr zu Weihnachten ein Paar neue Stiefel haben.‹ Und dann legte sie sich zurecht, wie sie das anfangen würde. ›Sie müssen per Boten gesandt werden‹, dachte sie; ›und wie sonderbar das sein wird, Geschenke an die eigenen Füße zu verschicken! wie seltsam sich die Adresse ausnehmen wird: An S. Wohlgeb. Den Rechten Fuß von Alice, Teppich beim Ofenschirm. – Mit bestem Gruß!‹«

Die da in so absurder Nüchternheit die notwendigen Konsequenzen aus ihrer Zwiegeteiltheit bedenkt, ist dieselbe Alice, die gleich darauf, zum Miniaturgeschöpf geschrumpft, den »Tränensee« durchschwimmen muß, den sie als Riesin geweint hat (wobei sie schwimmend dem Nilpferd begegnet, das Harold Lloyd erwähnt, einem singenden Nilpferd, das »in Wirklichkeit« eine Maus ist).

Das ist nicht nur ein entzückendes Beispiel für die Kunst der »plötzlichen Versetzung des Gemüts«, die laut Kant das Lachen bewirkt; es ist (wie Albertis Titel) eine skurril-radikale Veranschaulichung dessen, was den Humor hervorbringt: das Bewußtsein von einem »Riß im Inneren« (Vischer), der nicht nur mitten durch die Person geht, sondern durch das Weltganze – ein klaffender Kontrast, so heillos, so lachhaft wie die Differenz der beiden simultan empfundenen Lebensalter Charlies.

Jean Paul gebraucht denn auch den Begriff der »humoristischen Totalität«, die für ihn ein Synonym der »Weltverlachung« ist. Solchen Humor aber definiert er als das »umgekehrte Erhabene«. Für ihn gebe es »keine Torheit, keine Toren, sondern nur Torheit und eine tolle Welt«. Darum vernichte er nicht das Einzelne, sondern das Endliche durch den Kontrast mit der Idee; »er hebt – ungleich dem gemeinen Spaßmacher – keine einzelne Narrheit heraus, sondern er erniedrigt das Große, um ihm das Kleine, und erhöhet das Kleine, um ihm das Große an die Seite zu setzen und so beide zu vernichten, weil vor der Unendlichkeit alles gleich ist und nichts. Vive la Bagatelle, ruft erhaben der halbwahnsinnige Swift, der zuletzt schlechte Sachen am liebsten las und machte, weil ihm in diesem Hohlspiegel die närrische Endlichkeit als die Feindin der Idee am meisten zerrissen erschien und er im schlechten Buche, das er las, ja schrieb, dasjenige genoß, welches er sich dachte.« Das heißt, im Jargon unserer Tage: Selbst- und Weltverarschung – um »das Heilige festzuhalten«.

Wer meint, der Hinweis auf das metaphysische Widerlager des Humors sei im Falle Alberti doch wohl eine Einladung ins Kulissendepot eines antiquierten, längst nicht mehr bespielten Theaters, sollte Albertis Buch »Über die Engel« zur Hand nehmen, sein poetisches Hauptwerk, das unmittelbar vor den Versen über die Clowns – »wahre Engel aus Fleisch und Blut« – entstanden ist und mit der Klage über das verlorene Paradies beginnt.

Im Gegensatz zu manchen spanischen Kritikern hätte Jean Paul die chronologische Abfolge dieser so verschiedenen Opera sehr wohl verstanden. Schrieb er doch: »Nach jeder pathetischen Anspannung gelüstet der Mensch ordentlich nach humoristischer Abspannung . . .« Ja, er bietet, eingedenk der Unmöglichkeit, »eine verlangte Unendlichkeit« noch außerhalb der »romantischen Subjektivität« zu denken und zu setzen, geradezu das Rezept für das, was der junge Andalusier 1929 tat: »Folglich setz' ich mich selber in diesen Zwiespalt . . . und zerteile mein Ich in den endlichen und unendlichen Faktor und lasse aus jenem diesen kommen. Da lacht der Mensch, denn er sagt: ›Unmöglich! Es ist viel zu toll!‹ Gewiß! Daher spielt bei jedem Humoristen das Ich die erste Rolle; wo er kann, zieht er sogar seine persönlichen Verhältnisse auf sein komisches Theater, wiewohl nur, um sie poetisch zu vernichten.«

Eine genauere Interpretation des Albertischen Vorgehens als die, welche in diesen – mehr als ein Jahrhundert zuvor geschriebenen – Sätzen geboten wird, ist mir nicht vorstellbar. Sie läßt nicht nur die Ur-Motivation begreifen, sondern erhellt auch den Sinn der bestimmenden Besonderheit in der Technik des modernen Spaniers: alles auf das Ich zu stellen, das nicht nur den Titel eröffnet, sondern der rhetorische Träger des Ganzen, ja der solistische Akteur »aufführbarer« Gedichte ist, gleichgültig, in welchen Namen dieses Ich sich nun hüllt, in den eigenen des Autors – was ja einmal explizit geschieht – oder in den irgendeines Leinwand-Komikers.

Jetzt verstehen wir, warum es für Alberti weder um eine Rühmung der Mimen noch um eine Erprobung poetischer Bildnismalerei gehen konnte. Wir verstehen auch, warum er sich nicht damit begnügte, eine Sympathie-Erklärung in Versen zu dedizieren, wie dies Hart Crane tat, oder selbstmitleidig den Poeten als belachten Schmerzensmann aus dem Narrenkostüm steigen zu lassen. Da es Alberti bei seinem Ulk durchaus um die Vernichtung der »persönlichen Verhältnisse« ging, beging er in keiner Zeile den Fehler, der Yvan Goll passierte, als er seinen »Charlot von Assisi« entwarf – ein Grundfehler, den Vischer (gleichfalls vorwegnehmend) darlegte, indem er schrieb: »Die Komik weiß sich nur deshalb als die Macht über alles Erhabene, das sie an der gemeinen Erscheinung zerplatzen läßt, weil das Subjekt das Erhabene absorbiert hat, weil es selber alles Erhabene ist, der *Aufbewahrungsort* alles dessen, was er als ein von außen sich Aufdringendes durch einen Scherz zerstört. Freilich aber hütet sich die Komik recht wohl, dies zu gestehen, sonst entstünde sogleich für den Zuhörer eine Erhabenheit, die gezüchtigt werden müßte; vielmehr müssen wir festhalten: Das Komische ist die poetisch dargestellte Negativität.«

Wieviel an Negativität der »persönlichen Verhältnisse« an Albertis Dummkopf-Spiel beteiligt war, bezeugt er selbst in seiner Autobiographie, wo er die Tonto-Verse zwar als einen totalen Bruch mit allem Vorhergegangenen charakterisiert, zugleich aber bekennt, daß sie »ein Produkt derselben Verstörung und Anarchie« seien. Und in dem Gedicht, das seinen eigenen Namen trägt (»Rafael Alberti macht sich ernste Sorgen wegen dieses Hundes, der mir nichts dir nichts den Mond anpinkelt«), gewahrt der aufmerksame Leser die Erinnerung an jenes persönliche Unheil, dem wir die Entstehung der Engelgedichte zu verdanken haben: »Ich weiß, daß damals die Kakerlaken in meinen Brauen hausten und ein ganzes Zigeunerlager in meinen Ohren wuselte. / Hab ich's vergessen, daß meine Achselhöhlen Ameisengruben waren / und daß in meinem Nabel eine Ziege zu schlafen pflegte?«

Sprache und Stil dieser Zeilen weisen nicht nur zurück, auf den Schlußteil von »Sobre los ángeles«, sondern auch nach vorn, oder genauer gesagt, auf die zeitlich benachbarten Werke, die in unserem Band den Tonto-Gedichten folgen. Die Kakerlaken und Ameisen gehören jener Kelleratmosphäre an, die weithin die »Sermone und Seelenräume« bestimmt: Stationen eines Ganges durch Verliese im eigenen Wesen, der nicht mehr von dem Glauben geleitet wird, irgendwo in deren Tiefe, nach Überwindung von Finsternis und Gewürm, auf den verborgenen Lichtquell zu stoßen, in dem sich der Seele ihr eigener Ursprung als die Klarheit Gottes offenbart – wie dies Teresa von Ávila, die kühne Nonne, geschildert hat in ihrem Bericht über die eigenen mystischen Erfahrungen (»El castillo interior«), der in Spanien jedem Leser bekannt ist –, meist unter dem nicht originalen Titel »Las moradas« (»Die Wohnungen« der Inneren Burg) – demselben Wort also, das Alberti anspielend benutzt, um sogleich die damit geweckten Erwartungen in der ersten Zeile des ersten Gedichts zu desillusionieren: »In kühler Nüchternheit werde ich euch enthüllen, was ein Kellergeschoß im Innern ist.«

Mit einer Sprache, deren präzise Phantastik an die ungeheuerlichen, bestürzend traumvertrauten Visionen eines Hieronymus Bosch erinnert, deckt er Kerker auf, »wo das Unheil Gericht hält mit maßloser Strenge: keine Handschellen, um die Mauern zu schützen vor der Wucht eines verzweifelten Gewissens; kein bleierner Keil, der die Lippen hindern würde, mit dem eigenen Blut zu sprechen.« Doch der Erkenntnis, »mein Blut schmeckt nach erdumwälzender Katastrophe«, folgt nicht nur der resignative Befund: »ich habe meinen Namen vergessen.« Unversehens weitet, objektiviert sich das Erlebnis: »Der Haß und die Geistesverwirrung einer Rose, die von einem Fluß in die Abzugsgräben der unbegrabenen Kloaken gespien worden ist, werden euch in Kontakt bringen mit den elektrischen Strömen jener Tage.« Aus der Ohnmacht erwächst eine Stimme, die – von heute aus – nur prophetisch genannt werden kann: »Und der Mond, den die Astronomen bis dahin für starr gehalten hatten, riß seinen Mund auf, um drei Lustren lang Blut zu erbrechen: über den grün schäumenden Neid, über die gelblichen Lachen der Wut, über die dicken roten Erschießungsmauern, die der Zorn errichtet hatte . . .«

Der mächtigste Ausdruck dieser aus Todesnähe, Stickluft und Verzweiflung erwachsenden Ahnung explosiver, alles zersprengender Gewalt ist die »staatsbürgerliche Elegie«, die den Schluß dieses Bandes bildet: »Mit den Schuhen an den Füßen muß ich sterben.« Und sie ist mehr als Ahnung, mehr als Klage – ein kathartischer Wutschrei: »Wut von der Spitze der Blitzableiter bis zu den ingrimmig verkrümmten Krallen der Hinterbeine irgendeiner Laus, verendend zwischen den Zinken eines Kammes, den man in der Abenddämmerung auf einem Müllhaufen gefunden hat.« Einer der großen Texte des europäischen Expressionismus. Das furiose Signal einer Wende im Schaffen des Autors. Die Ankündigung des »Dichters auf der Straße«.

Dessen Doppelsignum ist die Verbindung von Schwert und Nelke. »Entre el clavel y la espada« heißt eine Gedichtsammlung, die der Emigrant Alberti 1941 im argentinischen Exil veröffentlichte. Schwert und Nelke stehen für Haß und Liebe; beide zusammen symbolisieren die zwiefache Antriebskraft seines Kampfes für soziale Gerechtigkeit.

Beide zusammen treiben aber auch das ganz Andere hervor. »Der Humor«, schrieb Friedrich Theodor Vischer, »ist ein Kind des Hasses und der Liebe, der Weltverachtung und der weltumfassenden innigen Humanität.« Beide geben sich in den Tonto-Gedichten zu erkennen. In der »merde«, die der französisch parlierenden Five-o'clock-tea-Madame (stellvertretend für all die realen, dünkelgeschwollenen Dummköpfe der feinen Kreise Madrids) zugedacht ist; und in der »Blume zärtlicher Verehrung« für die großen, anbetungswürdigen, in Lumpen gekleideten Dummköpfe, die »wahren Engel aus Fleisch und Blut«.

Auch der wirkliche Charlie hatte beides in sich. Kafka sagte über ihn: »Wie jeder echte Humorist hat er ein Raubtiergebiß.« Und Chaplin selbst gestand Sergei Eisenstein, sein Lieblingstier sei der Wolf.

Kennzeichnend für den Dichter Alberti ist, daß er das eigene Verhältnis zu Haß und Liebe in dem symbolstiftenden Titel präzisierte. Dieser heißt nämlich, wohlgemerkt, *»Entre* el clavel y la espada« – *»Zwischen* der Nelke und dem Schwert«. Das markiert die Unversöhnlichkeit beider, den »Riß im Inneren«, die komische Tragik, die in der Höllenfahrt vernichtender Selbst- und Weltverlachung ihre Himmelfahrt erlebt.

Den Schwanz dem Himmel zugekehrt, trinke der Vogel Merops, gauklerisch auf dem Kopfe tanzend, den Nektar hinaufwärts – behauptete Jean Paul. Lassen wir's gelten, als Sinnbild. Nicht minder symbolisch triftig (und überdies ornithologisch richtig) ist, was Friderichs »Naturgeschichte der Vögel Europas« über selbigen Merops vermeldet: »Dieser Vogel nimmt sich während des Fluges sehr schön aus, besonders wenn seine brillanten Farben im Sonnenlicht spielen . . . In den kühnsten Wendungen, mit Leichtigkeit und Gewandtheit weiß er sich zu drehen und zu schwenken«, und fliegend erhasche er seine Nahrung: Wespen, Hornissen etc., die er »in größter Menge ohne Schaden samt dem Stachel verschlingt«.

■ Indice ■

■ Inhalt ■

Die Originalausgabe erschien 1935 in Madrid
in dem Band »Poesía, 1924–1930«
eine erweiterte Neuausgabe 1977 in Barcelona

Printed in Germany 1982
Design: Heinz Edelmann
Gesamtherstellung: Wilhelm Röck, Weinsberg

CIP-Kurztitelaufnahme der Deutschen Bibliothek

Alberti, Rafael:
Ich war ein Dummkopf, und
was ich gesehen habe, hat mich zu zwei
Dummköpfen gemacht: (1929) =
Yo era un tonto y lo que he visto me ha hecho dos tontos.
Sermone und Seelenräume:
(1929–1930) = Sermones y moradas [u. a.].
Span. u. dt. / Rafael Alberti.
Übertragung und Nachwort von Fritz Vogelgsang. –
Stuttgart: Klett-Cotta, 1982. Einheitssacht.: Poesía
Teilausgabe.
NE: Alberti, Rafael: [Sammlung]
ISBN 3-608-95074-5